CHINESE
FIGURE SKATING
ASSOCIATION
中国花样滑冰协会

花样滑冰教练员冰上基础教学

中国花样滑冰协会　审定

人民体育出版社

图书在版编目（CIP）数据

花样滑冰教练员冰上基础教学 / 中国花样滑冰协会审定. -- 北京：人民体育出版社, 2021（2024.1重印）
ISBN 978-7-5009-5825-3

Ⅰ. ①花… Ⅱ. ①中… Ⅲ. ①花样滑冰—运动训练—教学研究 Ⅳ. ①G862.22

中国版本图书馆CIP数据核字(2020)第112286号

*
人民体育出版社出版发行
北京中科印刷有限公司印刷
新　华　书　店　经　销
*
787×1092　16开本　9.75印张　197千字
2021年4月第1版　　2024年1月第2次印刷
印数：3,001—5,000册
*
ISBN 978-7-5009-5825-3
定价：69.00元

社址：北京市东城区体育馆路8号（天坛公园东门）
电话：67151482（发行部）　　邮编：100061
传真：67151483　　邮购：67118491
网址：www.psphpress.com
（购买本社图书，如遇有缺损页可与邮购部联系）

编 委 会

主编： 姜海兰

编委： 陈秀静　刘　颖　陈　丹
黄　峰　陈伟光

前 言

中国花样滑冰运动经过几代人的努力，目前已经步入了一个全新的历史阶段。随着2010年申雪/赵宏博获得第一枚奥运金牌和各个项目在国际大赛中取得可喜的成绩，我国涌现出了一批优秀的花样滑冰运动员。这些成绩的取得，使得花样滑冰项目备受国人的关注和推崇，参与学习花样滑冰训练的人数也迅速增多。各种滑冰俱乐部层出不穷，初级花样滑冰教学呈普及发展态势。在这种情况下，专业从事花样滑冰教学工作的人才——教练员，已成为目前和未来该项目发展的重要保障。

《花样滑冰教练员冰上基础教学》，是在中国花样滑冰协会的直接领导下编写完成的。其目的是根据项目发展的需求，建全我国花样滑冰训练体系，为广大从事花样滑冰教练工作的人员提供一套规范的冰上技术教学参考教材。全书从专项技术实践出发，包括基础滑行训练、跳跃训练、旋转训练以及花样滑冰相关专项基础知识。从理论高度出发，为初、中级教练员提供规范有效的训练方法和训练指导。教材编写主要突出青少年儿童训练特点，在教学训练内容方面以规范基础技术训练，强化技术动作质量为准则，促进我国花样滑冰的基础训练工作，推动我国花样滑冰步入可持续发展的良性运行轨道。为使本教材更加具备实用性，我们对各重点动作配备了视频参考教学示范。读者请在微信中搜索“花样滑冰俱乐部教练员考核系统”，按扫描看视频键，扫描书中各技术动作的二维码，即可观看动作视频讲解。

在这里特别感谢中国花样滑冰协会、首都体育学院以及各位专业人士给予本书出版的帮助和支持。

目 录

第一章　冰上启蒙教学训练

冰上启蒙教学是花样滑冰初学者接触冰上活动的入门教学环节。在此教学阶段，需要让学员了解冰上器材的使用和自我保护等相关知识。同时提供一些简单动作练习，帮助学员正确适应冰感，为下一步的滑行训练打好基础。

第一节　滑冰入门

一、装备使用与安全检查

1. 冰鞋

● 冰鞋选择要适合学员的技术水平和年龄，初学者不宜选择鞋帮过硬、刀齿过大的冰刀。

适合初学者

适合中高级

● 正确扎鞋带，松紧度合适将踝关节固定为宜

2. 冰上训练的服装

- 要求穿着运动服，不宜过于宽松。
- 训练时要带手套。
- 5岁或更小的学员应该佩戴头盔。
- 注意不要携带尖锐器物。

二、首次上冰

（一）陆地准备

1. 站立

双足稍分开，“V”字形站立，双腿微屈，上体微前屈，双臂抬起至身体侧前方，保持稳定姿势。

2. 下蹲、站立交替练习

下蹲和站立过程中，双足保持“V”字形，双臂抬起至身体侧前方，保持稳定姿势。

3. 原地踏步—行走

两脚原地交替抬起，平稳后可向前、后方向行走，双膝始终保持微屈。

（二）学习冰上跌倒与自我保护

初次上冰时，教练员必须教会学员用正确的方式跌倒和站起。当失去平衡将要跌倒时，切忌不要去挣扎，以免造成更大的伤害。跌倒时应遵循以下方法：

1. 顺势下蹲，蜷缩身体，头部下压，降低跌倒损伤面。
2. 站起时，先要双腿跪在冰面—单腿跪冰双手扶冰或扶膝—缓慢站起。

1　　2　　3

（三）冰上站立—行走

对于初次上冰的学员，有些可以直接滑行，但有些由于胆小不敢离开板墙。教练员首先要引导学员以最稳固的姿势站在冰上，初步感受冰刀与冰面的作用力，消除恐惧心理。待站稳后开始冰上原地踏步，之后逐步过渡到向前走。具体冰上站立与陆地站立姿势相同，保持“V”字脚形向前走，冰刀与冰面保持垂直，稍用内刃，练习注意事项如下：

1. 注意行走的步伐不宜过大、过快，否则容易破坏平衡。

2. 身体始终保持稍向前倾。

3. 行走时要节奏均衡，利于保持平衡。

4. 教练员面对学员，双手辅助，可以采用一二、一二或一、二、一、二的口令，必要时可以采用滑行辅助器。

1

2

（四）冰上行走—双足滑行

1. 当冰上行走相对稳定后，可以让学员逐渐加快行走速度，利用行走产生的惯性，做双足直线滑行。

2. 随着行走惯性的增大，双足滑行时间也会加长。这时可以逐渐加大双腿下蹲的深度，注意下蹲时双脚的冰刀要保持平行，身体可稍前屈，但背部要挺直，目视前方。

双足直线滑行

（五）双足滑行—单足滑行

当基本掌握了滑行的平衡感后，可以练习单足支撑，让学员体会单足在冰上的重心位置。要求双臂平伸，髋部与肩部平行，抬起的浮腿弯曲，浮足靠近滑腿，滑足冰刀立直垂于冰面。掌握得好的学员可以尝试重复下蹲—站起—单足支撑。

1　　　　　2

第二节　冰上启蒙滑行训练

一、前、后葫芦步

葫芦步是初学者最初体会冰上滑行的入门步法，是利用双足开合来完成的向前或向后滑行。由于双开合的滑线轨迹酷似葫芦，因此称之为葫芦步。在这部分练习中，主要让学员体会滑行时膝关节的屈伸，前滑和后滑的重心位置，初步建立侧蹬冰的感觉。滑行轨迹如图所示。

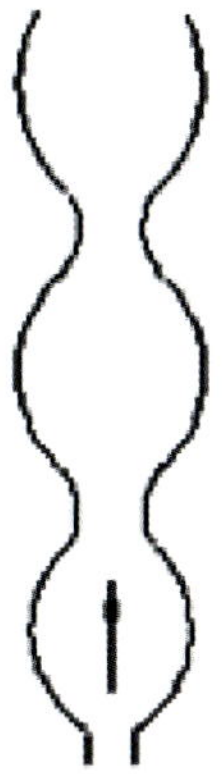

前、后葫芦步滑行轨迹

（一）前葫芦步

动作描述

双足“V”字形站立，双膝弯曲，双足同时用内刃后半部向外侧蹬冰，推动身体向前移动，当双足分开距离逐渐加大到与肩同宽时，双足脚尖内扣收回，同时膝关节逐渐伸直靠拢。之后连续重复上述动作，继续向前移动。滑行时两臂在身体侧前方自然伸开。

1　　2　　3

（二）后葫芦步

动作描述

双足“八”字形站立，双膝弯曲，双足同时用内刃前半部向外侧蹬冰，推动身体向后移动，当双足分开距离逐渐加大到与肩同宽时，双足脚跟内收，同时膝关节逐渐伸直靠拢。之后连续重复上述动作，继续向后移动。滑行时两臂在身体侧前方自然伸平。

1　　2　　3

（三）教学步骤

1. 从助滑过渡到葫芦步：由于在最初练习葫芦步时，有些学员无法找到蹬冰的感觉，因此教练员可以让学员先向前走动，获得一定的滑行速度后，借助惯力来完成2~3个的葫芦步开合动作。后葫芦步，可以让学员推板墙来获得向后滑动的助力。

2. 教练员的辅助：当学员在练习葫芦有胆怯心理时，教练员可以给予相应辅助。前滑时教练员应在学员后面辅助；后滑时则应该在学员前面辅助。

前滑

后滑

3. 原地起滑葫芦步：当开合动作相对稳定后，可以让学员尝试在没有助滑的情况下，从原地开始完成葫芦步。学员可通过练习体会蹬冰技术。

4. 体会膝关节的屈伸：当学员可以完成双足蹬冰滑出葫芦步后，教练员需要进一步要求学员体会在分开和收回时膝关节的屈伸动作，并要求开合的距离和幅度要均衡，使每个葫芦步在有韵律下完成。蹬冰双足分开时，膝关节弯曲下压，当双足收回时，膝关节顺势伸直，帮助双足收回。

（四）动作重点

1. 要掌握好膝关节和踝关节弯曲的时机，分开下蹲；收回站起。

2. 注意身体重心保持在两脚中间，前滑时用冰刀的后半部完成；后滑时用冰刀的前半部完成。上体不要出现明显的前倾或后仰。

3. 滑行时上体立直，目视前方，手臂自然抬起至前方45°。手臂抬起不宜过高，避免出现端肩。

4. 随着技术娴熟后，可以做一些节奏和幅度变化，或配合手臂和上体姿态的变化。

（五）易犯错误

1. 两足蹬冰用力要均匀，否则会出现弧线不均衡的问题。
2. 双脚分开距离与肩同宽时要向内收回，以免步幅过大，失去平衡。

双足重心不均衡

双足分开距离过大

二、前、后双足曲线

双足曲线是用双足完成左右两个方向的弧线滑行，在滑行时主力支撑脚用外刃，辅助脚用内刃。该动作主要是体会双足弧线滑行的重心移动和膝关节的韵律。滑行轨迹如图所示。

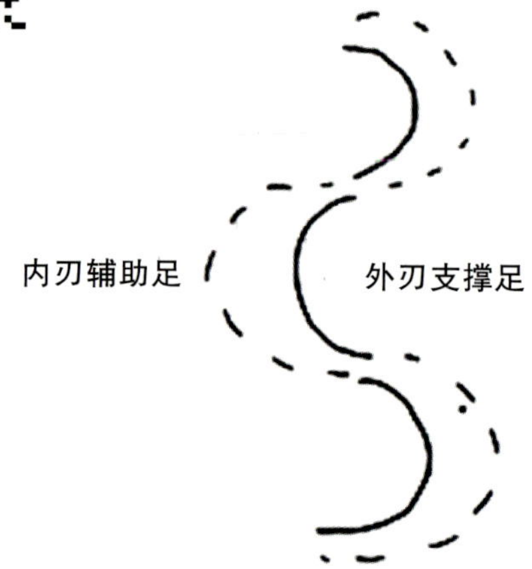

前、后双足曲线滑行轨迹

（一）动作描述

在一定助滑的基础上，双足平行，利用膝关节屈伸，使双足向左、右两侧摆动滑出小曲线。进弧线屈膝，出弧线站立，外侧脚给予一定的蹬冰辅助。支撑脚用外刃，蹬冰脚用内刃，同时重心随曲线变化，左右移动。

曲线前滑

曲线后滑

前滑：用冰刀后半部分

后滑：用冰刀前半部分

（二）教学步骤

1. 最初练习时，教练员可以给予相应辅助，帮助学员体会左右弧线转换重心和膝关节的韵律。

2. 随着曲线滑行的稳定，教练员需要逐渐加大对弧线深度的要求和膝关节屈伸的幅度。

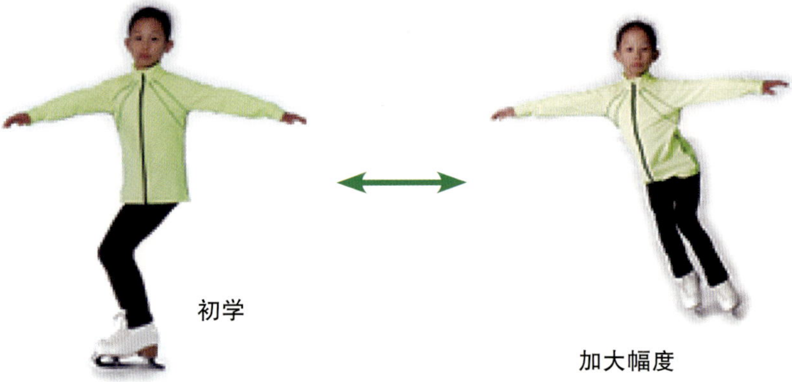

初学

加大幅度

3. 可以利用画图或冰上摆放障碍的方式提高弧线的深度和滑行幅度。

4. 在基本掌握曲线滑行后，可以练习在没有任何助力的基础上起滑。这一练习，可以让学员更加清晰地体会曲线滑行的蹬冰和膝关节的屈伸。

（三）动作重点

1. 在每次转换弧线时，需要及时移动重心，重心始终保持在支撑脚。

2. 在滑行时双足保持平行，左右弧线大小要均匀。

3. 在滑行中膝关节要随弧线有韵律地屈伸，进弧线时膝关节下压，出弧线时膝关节伸起。

4. 上体可随弧线左右稍摆动，但在最初练习时，要注意上体不要转动幅度过大而影响重心移动。

5. 后滑时注意避免上刀齿。

（四）双足曲线的几种练习方法

1. 初学双足曲线滑，要求双足靠近，靠左右曲线向前滑行。

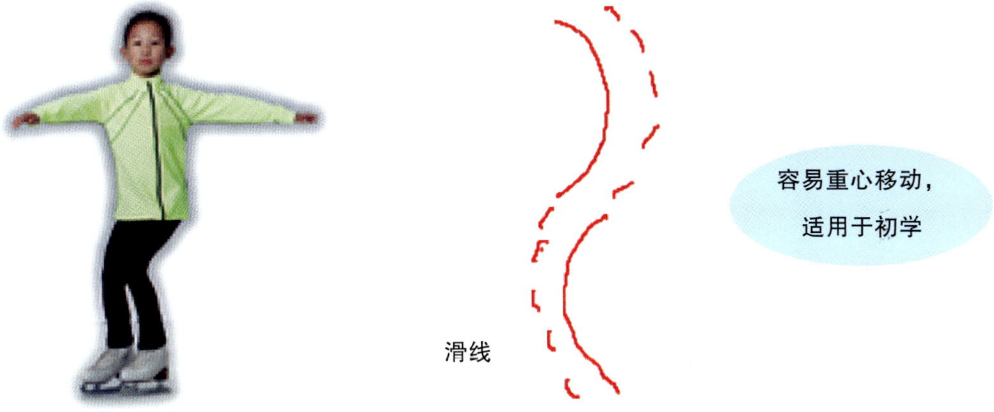

2. 大幅度双足曲线

当学员具备了一定的滑行能力后，可以加大双足曲线的滑行幅度。在滑行曲线时，主力腿弯曲，蹬冰腿伸直，双足分开保持平行。

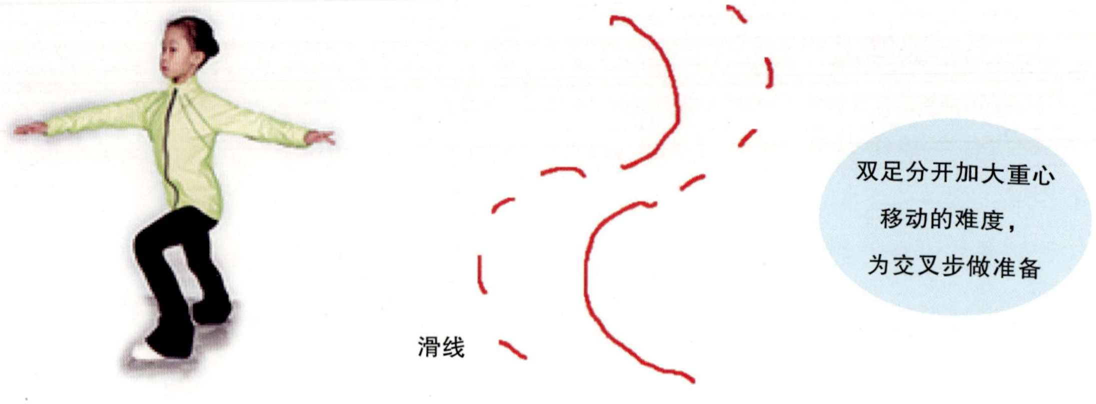

3. 双足曲线+单足摆腿

在大幅度双足曲线的基础上，滑行到弧线的后半部分，可以将辅助腿向前抬起，初步建立单足弧线支撑的能力。

三、初级停止法

停止法是滑行中必须掌握的一种技术，对于具备了一定滑行基础的学员来说，可以采用任何方式在滑行中停止。但对于初学者来说，需要掌握较为简单稳定的停止方法，从而保证在滑行中的安全。以下两种停止法相对简单安全，适合于初学者。

（一）单足前内刃停止法

动作描述：在滑行中，双膝弯曲下压，一只脚脚尖稍内扣，用内刃向侧前方压冰推出，逐渐降低滑行速度，直至停止。

内刃压冰

外刃压冰

（二）T字停止法

动作描述：在向前滑行时，一只脚移动到滑足后方，横刀与滑足呈“T”形，之后用外刃刮冰，直至停止。在停止过程中双膝下蹲，重心在后脚上。

第二章　初级滑行

花样滑冰包括三大技术类别，即滑行、跳跃、旋转。滑行技术虽没有跳跃和旋转技术给人以震撼，但它确是所有技术动作的基础，是花样滑冰产生动感美的源泉。在此章节中我们将滑行技术中所包括的步法，按难易程度分为非转体步法和转体步法两大类。详细描述每种步法动作的正确要领、训练重点以及易犯错误等，为教练员进行滑行训练教学提供有效的参考依据。

第一节　非转体类步法

一、直线滑行

直线滑行的训练是真正接触花样滑冰滑行的开始。学员通过练习直线滑行动作，体会正确的滑腿和浮腿姿势，初步体会单足滑行优美的姿态。直线滑行分为前、后两个方向，下面将逐一进行解析。

（一）直线前滑

1. 动作描述

4 同时右足蹬冰，左足前方45° 滑出，连续重复上述动作。	3 收回浮足与滑足并拢稍移动重心至左足。	2 左足向侧后方蹬冰后，伸直抬起；右足向前方45° 滑出。	1 准备：双腿微屈，上体立直，手臂体侧抬起。

2. 动作重点

<table>
<tr><td colspan="2">1. 测评学员能力：首先要考虑学员是否有能力练习该动作，当学员熟练掌握了前曲线蹬冰，单足直线支撑可以达到1米左右时，就可以开始练习该动作。</td></tr>
<tr><td>2. 蹬冰：学员在蹬冰前，两腿要充分屈腿下蹲，蹬冰后重心要迅速移动到滑腿。要求学员在蹬冰前，浮足尽量靠近滑足。蹬冰脚向侧蹬出，可以帮助纠正刀齿蹬冰的问题。</td><td></td></tr>
<tr><td>3. 滑腿：要保持良好的屈膝状态，随滑行有韵律地屈伸。</td><td></td></tr>
<tr><td>4. 浮腿：蹬冰后的浮腿伸直抬起置滑腿的侧后方，脚尖外展。收脚时，膝关节弯曲带动小腿和浮足收回。</td><td></td></tr>
<tr><td colspan="2">5. 出脚方向：直线前滑的实际滑行路线并非纯粹的直线。滑行出脚应从“V”字型开始，从斜前方45° 出脚，实际的滑行轨迹呈斜线。高质量的直线前滑，出脚应稍用外刃，之后过渡到平刃保持，但不可用内刃滑行。
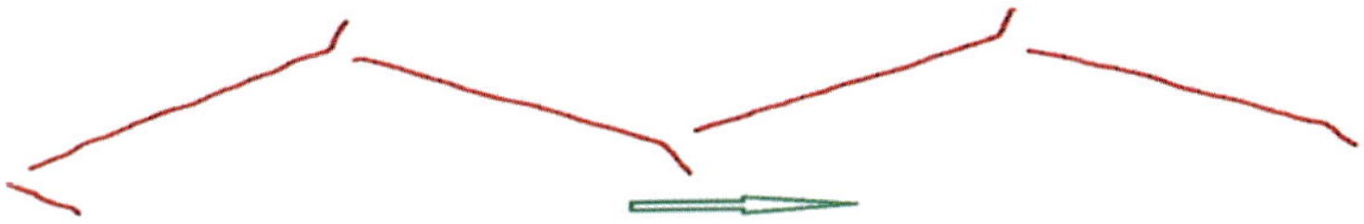
出脚方向滑行轨迹</td></tr>
<tr><td colspan="2">6. 滑行节奏：在练习时教练员可配合一定的口令，让学员在均衡的节奏下滑行，避免出现两只脚滑行长度不均匀的问题。</td></tr>
</table>

3. 易犯错误

刀齿蹬冰，直膝滑行

错误动作

- 踝关节内压，导致内刃滑行。
- 左右脚滑线不均匀。

4. 动作要求

正确的直线前滑应符合以下标准：

（1）每只脚滑出的长度约为滑行者身高的1.5倍为宜，滑出的长度要均匀，滑行速度流畅。

（2）滑腿膝关节能伴随着滑行与蹬冰有韵律地屈伸。

（3）蹬冰充分，不上刀齿，浮腿伸直并稍外展。

（4）上体自始至终保持良好的滑行姿态，身体重心随滑脚移动。

练习小贴士

1. 在练习前，适当进行陆地模仿和原地单腿支撑，可以有效帮助学员建立滑腿与浮腿的协调配合能力。

2. 初始练习时，先尝试左右脚交替蹬冰，体会滑出的重心位置，不要求滑出的长度，但要求双足滑出长度要均等。

3. 随着平衡能力的建立，可以逐步延长单足滑行的长度，但要注意保持双足滑行长度均等。

4. 当运动员滑行稳定后，开始要求滑行姿态。要求学员体会膝关节和踝关节下压，利用蹬冰足的内刃，向身体侧后方进行充分蹬冰，加大蹬冰力度。

（二）直线后滑

1. 动作描述

1　　2　　3

1 左脚尖稍内扣，用内刃向左侧后方蹬冰，右足斜线向后滑出。	2 浮足收回与滑足并拢稍移动重心至左脚，同时右足尖内扣蹬冰。	3 左脚向后斜线滑出，两脚连续交替进行。

2. 动作重点

1. 测评学员能力：首先要考虑学员是否有能力练习该动作，当学员熟练掌握了前曲线蹬冰，单足直线支撑可以达到1米左右时，就可以开始练习该动作。	
2.蹬冰：蹬冰前，两腿要充分屈腿下蹲。蹬冰后，重心要迅速移动到滑腿。蹬冰时，蹬冰脚内扣，尽量靠近滑足，脚跟外展，用内刃压冰推出。	
3. 滑行：滑行时，滑腿屈膝，但不能上刀齿。 ● 重心始终在滑腿上，膝关节要随滑行有韵律地屈伸。 ● 滑行时上体与滑腿保持垂直，可稍前倾，但不宜过大，以免造成滑行上刀齿。	

（续表）

4. 浮腿：蹬冰后的浮腿伸直抬起置滑腿前方，足尖外展，尽量靠近滑腿。	
5. 滑行节奏：在练习时教练员可配合一定的口令，让学员在均衡的节奏下滑行，避免出现双足滑行不均匀的问题。	

3. 易犯错误

滑行上刀齿、重心没在滑脚上，浮腿没有靠近滑腿、脚尖内扣

4. 动作要求

正确的直线后滑应符合以下标准：

（1）每只脚滑出的长度与滑行者的身高大约一致，滑出的长度要均等，滑行流畅。

（2）滑腿膝关节能伴随着滑行与蹬冰有韵律地屈伸。

（3）滑行流畅，没有刀齿滑行。

（4）上体保持良好的滑行姿态。

练习小贴士

1. 在练习前，适当进行陆地模仿和原地单腿支撑，可以有效帮助学员建立滑腿与浮腿的协调配合能力。

2. 初始练习时，先尝试双足交替蹬冰，体会滑出的重心位置，不要求滑出的长度，但要求双足滑出长度要均匀。

3. 随着平衡的建立，可以逐步延长单足滑行的长度，但要注意保持双足滑行长度均匀。

4. 当学员滑行稳定后，开始要求滑行姿态。要求学员体会膝关节和踝关节下压，加大蹬冰力度。

二、前、后交叉步

交叉步是花样滑冰基础滑行中最为重要的步法，其主要功能是帮助滑行者在弧线中获得速度。因此，所有交叉步必须在弧线的基础上完成。对于初学者来说交叉步技术是奠定未来学习其他步法和跳跃的重要基础，直接影响学员的滑行技术水平。建议教练员一定要重视对交叉步的训练，不仅要求会做，而且要求高质量完成，将其列为每天的训练内容。交叉步共包括四个方向，在这里以左前交叉步和右后交叉步为例进行详细描述。

（一）前交叉步（左侧）

1. 动作描述

1 2 3 4

1 右足蹬冰，左脚前外刃滑出。	2 右足交叉过左脚，用前内刃滑出，同时左脚向外侧方伸出。	3 交叉后浮足收回，立即准备下一次蹬冰（该过程很短）。	4 连贯下一次蹬冰开始。

2. 教法与动作重点（左侧）

第一步：原地姿势模仿，建立正确的滑行姿态。	 双腿弯曲，以腰部为轴向左侧转90° 。	 右臂伸直在前，左臂伸直在身体侧后方。	 侧蹬冰模仿
第二步：圆上侧蹬冰练习，建立在弧线单足支撑的滑行能力。该动作又称前双足夏塞步。	 双足弧线前滑（左前外+右前内），滑行重心在左脚。	 待稳定后，要求右足蹬冰后抬起，控制在滑腿的侧后方。	 之后收回到左脚内侧，左脚稍抬起。重复上述动作。
第三步：在初期练习交叉时，不要求交叉幅度。主要体会交叉过程的重心转换。	 膝关节弯曲带动浮足交叉。	  交叉时始终保持两腿的膝关节弯曲。注意交叉后的浮腿放至右足外侧，双足平行，重心转换置右足。	

（续表）

第四步：当交叉动作练习得流畅平稳后，逐步加大交叉步的滑行幅度和速度。	 要求学员体会交叉后的第二次蹬冰，即前外刃侧蹬。	 要求上体和浮腿的姿势，加大倾斜角度。

3. 易犯错误

对于初学前交叉步的学员容易出现以下错误动作，需要教练员在训练中注意纠正。

刀齿蹬冰，滑腿没有弯曲

重心外倾

4. 动作要求

正确的前交叉步应符合以下标准：

（1）自始至终保持流畅均匀的滑行速度，身体向圆内倾斜。

（2）滑腿膝关节适当弯曲并且有韵律。

（3）蹬冰充分，浮腿伸直。

（4）上体保持良好的滑行姿态。

练习小贴士

1. 在练习前交叉步前，要求学员能良好地完成前双足曲线。

2. 圆上侧蹬冰（参见教法与动作重点，第二步）练习步骤非常重要，他可以有效帮助学员体会用外刃在弧线上滑行的感觉。

3. 在每一次蹬冰前，教练员要反复强调——蹬冰前下蹲，引导学员体会膝关节和踝关节下压蹬出的感觉，这可以帮助学员提高蹬冰效果。

4. 在交叉时，要保持滑腿和交叉腿都是弯曲状态，任何一条腿伸直，都容易导致交叉后第二次蹬冰上刀齿。

5. 在最初练习交叉步，学员可能不敢将身体重心向圆内倾斜。教练员可以在原地或滑行中给予适当辅助，让学员体会倾斜的感觉。教练员辅助的位置应在圆内侧后方为宜。

（二）后交叉步（右侧）

1. 动作描述

4　　3　　2　　1

4 连贯下一次蹬冰开始。	3 交叉后，用后内刃滑行，同时右足以外刃蹬冰，抬起向外侧方伸出。	2 左腿屈膝，带动交叉过右足。	1 左足蹬冰，右足后外刃滑出。

2. 教法与动作重点

<table>
<tr><td>第一步：原地姿势模仿，建立正确的滑行姿态。</td><td colspan="2"> 
双腿弯曲，以腰部为轴向右侧转90°，双臂体侧平伸。左腿侧向伸出，模仿后交叉蹬冰。</td></tr>
<tr><td>第二步：圆上侧蹬冰练习。该动作又称“后双足夏塞步”在这部分练习中，主要让学员体会在弧线上蹬冰的感觉和重心的位置。</td><td colspan="2"> 
双足弧线后滑（右后外+左后内），滑行重心在右足，面向圆心。之后右足收回，左足后内刃滑行。重复上述动作反复练习。</td></tr>
<tr><td>第三步：当弧线蹬冰稳定后，开始交叉练习，注意交叉后双足的位置和重心的转换。</td><td>
交叉前，上体保持立直，双臂在滑线上，髋关节不能随交叉随意转动。</td><td>
交叉时，始终保持两腿的膝关节弯曲。双足保持平行。</td></tr>
</table>

（续表）

第四步：当交叉动作完成流畅平稳后，逐步增加交叉步的滑行幅度。	  在此阶段，可以要求学员体会交叉后的第二次蹬冰，即后外刃侧蹬。加大滑行的倾斜角度。

3. 易犯错误

对于初学后交叉步的学员容易出现以下错误动作，需要教练员在训练中注意纠正。

刀齿滑行

重心在两脚中间

直膝滑行，重心向圆外倾斜

4. 动作要求

正确的后交叉步应符合以下标准：

（1）自始至终保持流畅均匀的滑行速度，没有刀齿刮冰的声音。

（2）滑腿膝关节适当弯曲并且有韵律。

（3）蹬冰充分，浮腿伸直。

（4）上体保持良好的滑行姿态，身体向圆内倾斜。

练习小贴士

1. 在练习后交叉步前，请判断学员是否已经熟练掌握直线后滑和后曲线滑。

2. 弧线双足蹬冰练习步骤非常重要，它可以有效帮助学员体会用外刃在弧线上滑行的感觉。

3. 后交叉步第一次蹬冰后浮足不要求必须抬起。但如果出现重心在两足中间，就应该要求学员蹬冰后将浮足抬起，这有助于帮助学员找到正确的重心。

4. 后交叉步是用冰刀前半部分完成滑行的，但不能上刀齿。

5. 交叉时，髋关节不能随交叉随意转动，这会影响脚下的稳定性。

6. 在最初练习后交叉步时，学员可能不敢将身体重心向圆内倾斜。教练员可以在原地或滑行中给予适当辅助，让学员体会倾斜的感觉。教练员辅助的位置应在圆内为宜。

（三）交叉步的几种练习方式

1. 曲线交叉步：左右两个方向交叉步交替进行。

2. 8字形交叉步：左右两个方向各完成一个整圈，则出现8字形的滑行轨迹。

3. 节奏变化练习：教练员可以选择节奏感较强的音乐，组织学员进行不同节奏的交叉步练习，或配合教练员的口令练习。如每步4拍滑行、2拍滑行、1拍滑行。节奏可根据学员的水平合理选择。

4. 加手位练习：当学员已经熟练掌握了交叉步技术，教练员可以在上体姿势和手臂上加以修饰，提高学员交叉步完成的美感。

5. 小圆型练习（参照等级测试一级和二级步法）：在小圆上完成交叉步可以进一步提高学员交叉步的用刃深度和单足支撑能力。

三、单足弧线滑行

当学员熟练掌握了四个方向的交叉步后，就可以进行单足弧线滑行的练习。该动作要求学员利用一次蹬冰，完成半圆形的单足弧线滑行。通过练习让学员进一步掌握利用四个刃（前内、前外、后内、后外）做弧线单足滑行的能力。

单足弧线滑行轨迹

（一）动作描述

1. 前外单足弧线滑行（左前外）

1 2 3 4 5

1 屈膝，双足呈“T”形，右足内刃蹬冰。	2 左脚沿弧线外刃滑出，左臂在前，右臂与浮腿在后。	3 到弧线1/2处，浮足和手臂靠近身体。	4 浮腿和右手由后移动置滑腿前方。	5 当半圆弧线完成后，浮足收回准备反方向弧线。

2. 前内单足弧线滑行（右前内）

1 屈膝，双足呈“T”形，左脚内刃蹬冰。	2 右足以前内刃沿弧线滑出，前臂与滑足相反，浮腿在后。	3 到弧线1/2处，浮足和手臂靠近身体。	4 浮腿和右手由后移动置滑腿前方（前臂与浮腿相反）。	5 当半圆弧线完成后，浮足收回准备反方向弧线。

3. 后外单足弧线滑行（右后外）

1 屈膝，左脚内刃向后蹬冰。	2 右足沿弧线后外刃滑出，右臂在后左臂在前，浮足抬起在滑足前方，面向圆内。	3 到弧线1/2处，浮足和手臂靠近身体。	4 浮腿和左手由前移动置滑腿后方，同时身体左转，背向圆内。	5 当半圆弧线完成后，浮足收回准备反方向弧线。

4. 后内单足弧线滑行（左后内）

1　　2　　3　　4　　5

1 屈膝，双足脚跟外展，右足用内刃向后蹬出。	2 左足以后内刃沿弧线滑出，左臂在后，右臂在前，浮腿抬起在滑腿前方，身体稍外转。	3 到弧线 1/2 处，浮足和手臂靠近身体。	4 浮腿和右手由前移动置滑腿后方，头转向后方，身体朝圆心。	5 当半圆弧线完成后，浮足收回准备反方向弧线。

（二）教法与动作重点

1. 蹬冰：蹬冰时双腿屈膝，避免刀齿蹬冰。	 前弧线蹬冰：浮足靠近滑足，避免刀齿蹬冰。	 后弧线蹬冰：在蹬冰前膝关节下蹲，重心向蹬冰脚移动，手臂配合滑足进行协调摆动。
2. 前1/2弧线：在弧线滑出时要求浮足与手必须放在滑线上。	 前弧线蹬冰后，浮腿要收回到滑脚后方。	 后弧线蹬冰后，浮腿伸直在滑线前方。

（续表）

3. 摆腿过程：当浮足由后—到前或由前—后的移动过程中，要求学员的浮足尽量靠近滑足。先收脚，再移动手臂，有助于保持弧线稳定。	
4. 后1/2弧线：当滑到弧线后半部时，要求学员的浮腿和手臂在滑线上，浮腿伸直，脚尖外展。	
5. 图案：当学员单足弧线滑行稳定后，可以要求每个弧线的长度和弧度要均等。如果有能力，可以尝试一整圈的单足支撑。	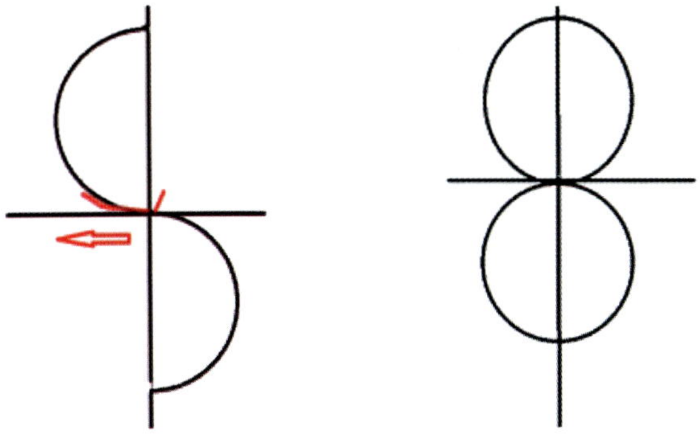 半弧形　8字形

（三）易犯错误

1. 前弧线刀齿蹬冰。
2. 浮足没有在滑线上，导致滑行重心控制不稳。
3. 左右足弧线大小不均匀。

（四）动作要求

正确的单足弧线滑行应符合以下标准：

1. 每个弧线由始至终能够保持均衡的速度，脚下相对稳定，没有明显的晃动。
2. 左右两侧弧线明显，并能保持均衡。
3. 没有刀齿蹬冰（前弧线）和刀齿滑行（后弧线）的现象。
4. 浮腿和上体自始至终保持正确位置。

练习小贴士

1. 教练员应要求学员每次做前弧线蹬冰前，膝关节弯曲，双脚尽量靠近呈 T 字形，平刃推出。这些要求能帮助学员克服刀齿蹬冰的不良习惯。

2. 在弧线滑行过程中，教练员应时刻要求学员将手臂和浮腿与滑线和滑腿保持平行，浮腿移动时尽量靠近滑足，以保证滑行的稳定性。

3. 单足弧线滑行的图案很重要，教练员应帮助学员对弧线轴和出脚方向建立正确概念。每次出脚方向要沿横轴出脚，每一个弧线的结束和开始应该在同一个纵轴上完成。建议在初期练习时，学员应该在某个可见的直线上练习该弧线动作，这样可以帮助学员建立对图案的正确概念。

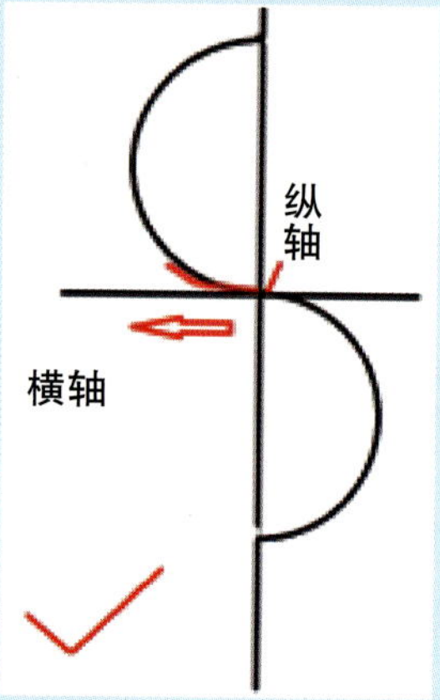

四、摇滚步

摇滚步，是两只脚用相同的刃，通过换足，完成向前或向后的弧线滑行。由于在完成时需要髋关节的适当摆动，因此称之为摇滚步。摇滚步虽然没有什么转体动作，但整个滑行过程没有明显的蹬冰动作，滑行速度主要来源于膝关节的屈伸和身体重心的移动来获得，需要学员具备一定滑行基础后才能正确完成动作。

其中前外摇滚步和后外摇滚步是最为典型的摇滚步，前内和后内摇滚步相对简单，适合初学者练习。

（一）动作描述

1. 前内摇滚步

1

2

3

1 右腿屈膝滑出前内刃弧线，浮腿前伸，手臂与浮腿呈反作用力。	2 当换足时，滑腿站起，同时浮足收回，重心移动至左足。准备换足。	3 换足后左足以前内刃滑出，双足以此交替进行。

2. 后内摇滚步

1

2

3

1 右腿屈膝后内刃滑出弧线，浮腿靠拢滑足，臂平伸。	2 当滑过弧线一半时，浮足收回，准备换足。	3 换足后左脚以后内刃滑出，双足以此交替进行。

3. 前外摇滚步

1

2

3

4

1 左腿屈膝以前外刃滑出弧线，浮腿伸直在滑腿后方。	2 当滑到弧线一半时，浮足由后移动到滑足前方，同时髋关节稍向右转准备交叉换足。	3 右腿在原滑足前交叉，落足直接以前外刃滑出。	4 换足后右腿屈膝，以前外刃滑出，左足变成新的浮足伸直在滑腿后方。双足依次交替进行。

4. 后外摇滚步

1

2

3

1 左腿屈膝以后外刃弧线滑出，浮腿伸直在滑腿前方，双臂两侧平伸。	2 当滑到弧线一半时，浮足由前移动到滑足后方，同时髋关节与身体稍向右转。准备换足。	3 换足后外刃滑出，左足变成新的浮足伸置在滑腿前方。双足依次交替进行。

（二）教法与动作重点

<table>
<tr><td>1. 前内摇滚步
该动作主要练习内刃的弧线滑行，左右足在交替时没有明显的蹬冰动作，主要靠膝关节的屈伸和重心移动来获得速度。</td><td colspan="2">
浮腿与前手放至在滑线上，上体与浮腿呈反作用力。</td><td>
换足时没有蹬冰，出脚方向朝横轴方向。</td></tr>
<tr><td>2. 后内摇滚步
该动作主要练习后内刃弧线滑行，双足在换足时没有明显的蹬冰动作，主要靠重心移动来获得速度，同时伴随髋部转动，帮助弧线的形成。</td><td colspan="2">
膝关节下压，伴随髋部转动。但髋、肩要保持平行，上体立直。</td><td>
当接近换脚处，双足跟朝横轴方向，准备下一步出足，没有明显蹬冰。</td></tr>
<tr><td>3. 前外摇滚步
该动作主要是练习前外刃的弧线滑行，交叉换足是该动作的难点。需要有适当的髋部转动，体现摇滚步特点。</td><td>
前外刃滑出时，浮腿与滑腿呈交叉状态，浮足脚尖稍内扣。</td><td>
浮腿由后移到前时，要靠近滑腿，膝关节与脚尖稍内扣，为交叉做准备。</td><td>
两脚始终保持前外刃，出脚方向朝横轴方向。</td></tr>
</table>

（续表）

4. 后外摇滚步 该动作主要练习后外刃的弧线滑行，体会重心随后外刃的摆动，展示重心倾斜和膝关节的韵律，是该动作的练习重点。	 当滑出后外刃弧线时，浮足在滑线上与肩呈反作用力，后背靠住圆心。	 换足时，身体重心达到最大倾斜，便于第二个弧线滑出。浮足收回到滑足后跟，下一个弧线，朝横轴方向出脚。

（三）易犯错误

1. 摇滚步在换足时，沿纵轴方向出脚，导致摇滚步出现直线滑行，左右足弧线长度不均匀等错误动作。

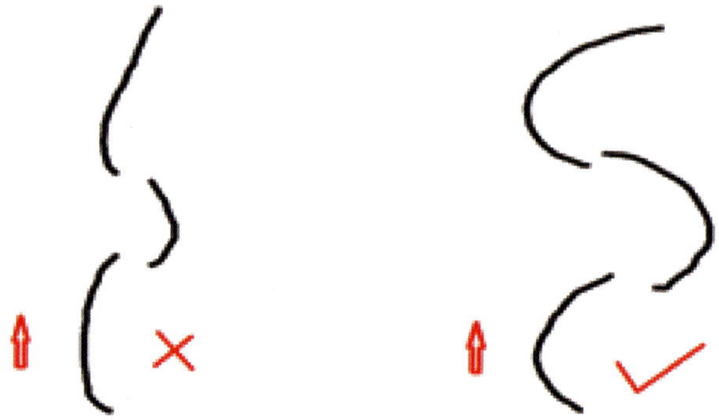

2. 前外、前内摇滚步出现明显蹬冰动作，并且蹬冰上刀齿。

3. 后内、外摇滚步出现刀齿滑行，膝关节没有屈伸。

换脚时上刀齿

膝关节没有屈伸

（四）动作要求

正确的摇滚步滑行应符合以下标准：

1. 自始至终保持流畅均匀的滑行速度，没有明显的蹬冰动作。
2. 所有滑行要表现出清晰的弧线，左右足的弧线长度均匀。
3. 用刃清晰准确，膝关节屈伸有韵律。
4. 有适当的髋部摆动和身体倾斜，能体现摇滚步的特点。
5. 自始至终保持良好的滑行姿态。

练习小贴士

1. 在练习时，教练员应要求学员每一步的出脚都应朝横轴方向，这是奠定摇滚步弧线滑行的基础。

2. 在每次换足蹬冰时，应提醒学员膝关节弯曲，有助于避免刀齿蹬冰。

3. 滑行时要求膝关节应随着弧线和重心的变化有韵律地屈伸。始终保持同一个角度的弯曲或站立，会导致滑行僵硬。

4. 在摇滚步中髋关节的摆动是必要的，但要提醒学员要保持平行摆动，出现高低变化的动作会影响上体姿势，破坏滑行稳定性。

第二节　转体类步法

一、3字步

3字步（简称转3）是单足在弧线上完成的由前—后；或由后—前的180° 转体步法。在步法中属于最为简单的单足转体步，由于用刃、滑行方向的不同，可分为若干种不同用刃的滑法，即前外3字步、后外3字步、前内3字步、后内3字步。

（一）动作描述

1. 前外3字步（左前外）

3　　　　2　　　　1

3 转体后，滑行由前外变为后内，浮腿伸直在滑腿后方。手臂、滑腿和浮腿呈同侧。	2 进入转体阶段，浮腿靠近浮足，身体带动髋关节向左转体180° 。	1 以左前外刃屈膝沿弧线滑行，浮腿在后伸直，前臂与滑足呈同向。

2. 前内3字步（右前内）

3　　2　　1

3 转体后，滑行由前内变为后外刃，浮腿伸直在滑腿后方。左臂稍向前伸，与滑足呈稍反作用力，以控制转体惯性。	2 进入转体阶段，浮腿靠近浮足，右臂和身体带动髋关节向左转体180°。	1 以右前内刃屈膝沿弧线滑行，前臂与滑足呈反向，浮腿向后伸直。

3. 后外转3字步（右后外）

1　　2　　3

1 以右后外刃屈膝沿弧线滑行，浮腿向前伸直，身体后转，双臂平伸。	2 进入转体阶段，浮腿靠近滑足，左臂和身体带动髋关节向左转体180°。	3 转体后，滑行由后外变为前内刃，浮腿伸直在滑腿前方。前手与浮腿呈反向。

4. 后内转3字步（左后内）

3　　2　　1

3 转体后，滑行由后内变为前外刃，浮腿伸直在滑腿前方。前臂与浮腿呈反向，以控制转动后的平衡。	2 进入转体阶段，左臂和身体带动髋关节向左转体180°。浮足在滑足侧后方并靠近滑足。	1 以左后内刃屈膝沿弧线滑行，浮腿在滑腿前方。

（二）动作重点

滑进阶段：该阶段是为转体做准备，需要注意以下几点： 1. 以正确用刃沿弧线滑行。 2. 身体重心圆内倾斜。 3. 根据前、后不同转3的需要，选择正确的浮腿和手臂位置（请参阅动作描述）。 4. 滑腿弯曲，浮腿伸直在滑线上。	 前外滑进　前内滑进　后外滑进　后内滑进
转体阶段：是动作重点部分，需注意以下几点： 1. 转体过程应该快速，流畅。身体各部位协调配合。 2. 转体瞬间浮足要靠近滑足，帮助缩小转动半径。 3. 转体时滑腿由弯曲状态变为直立状态，以增加转体力度。 4. 前—后转3，以冰刀前半部为着力点；后—前转3，以冰刀后半部为着力点。 5. 转体时肩、髋保持平行，避免上体出现大幅度摆动，以破坏转体的稳定性。	 前一后转3　后一前转3　转3冰刀着力点

（续表）

滑出阶段：该阶段需要一定的控制能力，需要注意以下几点： 1. 转体后滑腿膝关节需要立即弯曲下压，以帮助控制平衡。 2. 根据前、后不同转3的需要，选择正确的浮腿和手臂位置。（请参阅动作描述）。 3. 浮腿无论在前或在后，都要控制在滑线上，来帮助保持平衡。 4. 转体后，身体重心保持圆内倾斜。	 前外3字滑出　前内3字滑出　后外3字滑出　后内3字滑出

（三）教学步骤

第一步：原地模仿， 当初学3字步时，可以让学员在原地体会转体动作。先体会转动时身体与下肢的配合，以及冰刀在转动时的位置。

1　　2　　3

第二步：双足进入转3，该动作让学员体会在滑进中的转体动作。对于能力较强的学员可以省略该步骤。

3　　2　　1

前双足转3

3　　2　　1

后双足转3

注：转体前双足沿弧线滑行，当转3瞬间浮足抬起，或浮足辅助滑足一同转体。但重心要有意识地放在转体脚上，转体后双足滑出。

第三步：练习完整的单足3字步。最初练习时教练员可给予相应的协助，以帮助体会平衡点。或让学员手扶板墙进行练习，以消除恐惧心理。

（四）易犯错误

当学员基本掌握了3字步的技术后，由于技术动作不够规范，仍然会出现以下常见的错误动作，建议教练员在训练过程中仔细观察，及时纠正。

1. 转体过程中浮腿抡摆，上体前屈，浮腿弯曲。

2. 转体后浮足没有控制在滑线上，身体向圆外倾斜。

3. 3字步没有在弧线上完成，平刃滑行。

滑线过直，平刃滑行

滑线饱满，用刃准确

（五）练习形式

3字步是花样滑冰最为常用的转体步，以上介绍的内容仅为最基本的单3字步转体，在实际应用中可以根据学员的能力将该步法做适当的变化，进行更加丰富的练习。

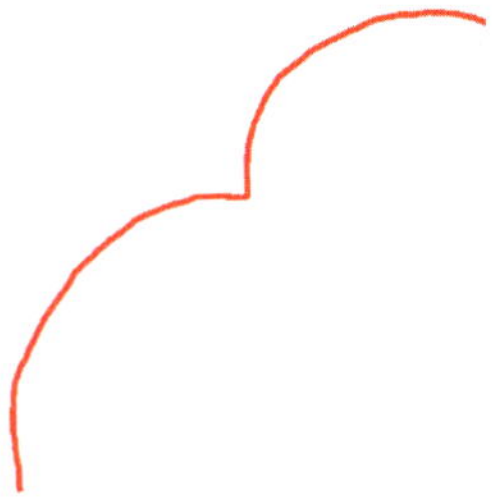

单3字步

华尔兹转3

双3字步

（六）动作要求

正确的3字步应符合以下标准：

1. 所有滑线要在弧线上完成，用刃清晰准确。

2. 转体前后弧线长度均匀，滑线长度应与滑行者身高相符。

3. 转体时膝关节有适当屈伸，让整个3字步有韵律地进行。

4. 自始至终保持良好的滑行姿态。

练习小贴士

1. 完成3字步，需要学员具备良好的单足滑行控制能力，在练习前教练员需要考虑学员的滑行技术是否能达到要求。

2. 4个刃的3字步，其难易程度不同，故在教学过程中应遵循以下顺序：

（1）前外3字步　（2）前内3字步　（3）后外3字步　（4）后内3字步

3. 教练员要求学员在练习3字步时，始终要沿着弧线进行，避免养成平刃滑行的不良习惯。

4. 当转体较稳定后，教练员应进一步要求膝关节的屈伸，同时配合适当的口令或音乐，以增加3字步的韵律感。

二、莫霍克步

莫霍克步，是在同一个弧线上，通过换足完成的前—后或后—前的转体步法。在实际应用过程中，还分为开式莫霍克步和闭式莫霍克步，多数出现在前内/前外莫霍克步中。在这里对具有代表性的开式莫霍克步和闭式莫霍克步相关教学重点进行详细介绍。

（一）动作描述

1. 前内莫霍克步FI–MO（右足开式Open、闭式Close）

右前内开式莫霍克步

（RFI–Open Mo）

右前内闭式莫霍克步

（RFI—Close Mo）

1 以右前内刃滑进，浮腿伸直在滑腿后方。	2 开式莫霍克步：左足收回到滑脚内侧。换足后浮足伸直在滑足后方，同时左足用后内刃滑出，完成由前—后的转身。	3 闭式莫霍克步：左足收回到滑脚后面，换足后浮足伸直在滑足前方，同时左足用后内刃滑出，完成由前—后的转身。

2. 前外莫霍克步FO–Mo（左足开式Open、闭式Close）

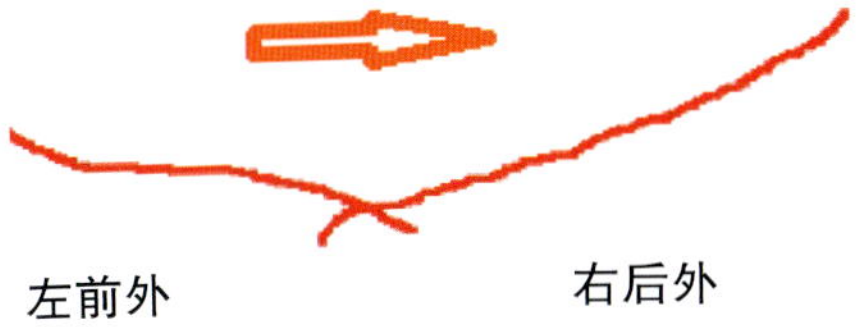

左前外开式莫霍克步（LFO—Open Mo）

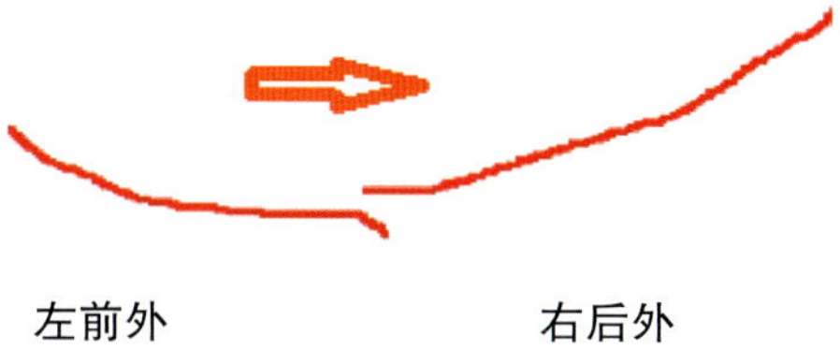

左前外闭式莫霍克步（LFO—Close Mo）

1 以左前外刃沿弧线滑进，浮腿伸直在滑腿后方。	2 开式莫霍克步：右足收回到滑脚内侧。换足后浮腿伸直在滑腿后方，同时右足用后外刃滑出，完成由前—后的转体滑行。	3 闭式莫霍克步：右足收回到滑脚后面，换足后浮足伸直在滑足前方，同时右足用后外刃滑出，完成由前—后的转身。

3. 后外开式莫霍克步BO-Mo（右后外开式）

右后外开式莫霍克步（RBO-Open Mo）

3 滑出：滑足由前外刃屈膝滑出，浮腿伸直在滑足后方，完成由后—前的转体。	2 换足：左足收回到滑脚内侧，同时身体和手臂左转，右足蹬冰后，左足以前外刃滑出。	1 以右后外刃沿弧线滑进，浮腿伸直在滑腿后方。双臂自然平伸。

4. 后内开式莫霍克步BI-MO（左后内开式）

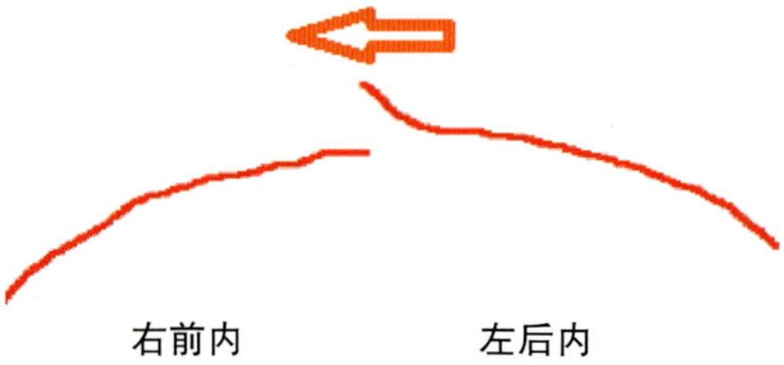

左后内开式莫霍克步（LBI—Open Mo）

3 滑出：滑足由前内刃屈膝滑出，浮腿伸直在滑腿后方，完成由后—前的转体。	2 换足：右足收回到滑脚内侧，屈膝左足蹬冰，同时右足用前内刃滑出。	1 以左后内刃沿弧线滑进，浮腿伸直在滑腿后方。左臂在前，右臂在后，身体向圆心。

（二）动作重点

滑进阶段

在滑进阶段应该注意浮腿和上体协调配合，滑出正确的弧线，为接下来的换足做准备。

1. 前—后莫霍克步

浮腿在滑进时伸直在滑腿后方，程度好的学员也可以摆至滑腿前方。但无论放置前或后，都必须在滑线上。初学者建议滑腿保持弯曲，熟练后可根据需要伸直滑腿。

2. 后—前莫霍克步

浮腿伸直滑腿后方，并放置滑线上，脚尖外展。

前滑进浮腿在后

前滑进浮腿摆向前

后外滑进

后内滑进

（续表）

换足阶段 换足是莫霍克步的关键动作。应注意以下几点： 1. 换足时，双足尽量靠近。 2. 根据开式或闭式的要求，选择正确的换足位置。 3. 换足时膝关节弯曲，提供一定的缓冲，便于重心的移动。 4. 换足时肩、髋保持平行，保证换足的稳定性。	 开式换足，在滑足内侧  闭式换足，在滑足后面
滑出阶段 身体重心从一只脚转换到另一只脚滑出，需注意以下几点： 1. 换足后身体重心立即移动到另一只脚。 2. 滑进与滑出保持在同一弧线上完成。 3. 换足后身体重心稍向圆内倾斜，以帮助滑出正确弧线。 4. 换足后浮腿根据开式或闭式的要求放到正确位置，但必须在滑线上。	 开式浮腿在后  闭式浮腿在前  浮腿和手臂在滑线上，身体重心向圆内倾斜

（三）易犯错误

当学员基本掌握了莫霍克步的技术后，由于技术动作不够规范，会出现以下常见的错误动作，建议教练员在训练过程中仔细观察，及时纠正。

1. 换足时双足距离过远或位置不对。导致换足后重心无法顺利移动。
2. 换足后浮腿没有在滑线上。
3. 换足后用刃错误。

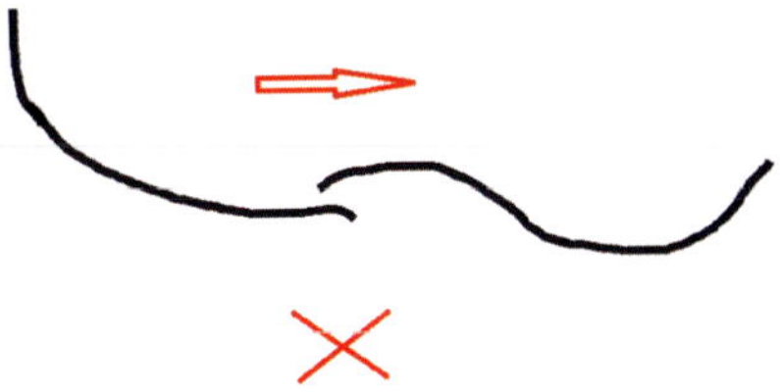

左前外MO换足后出现变刃

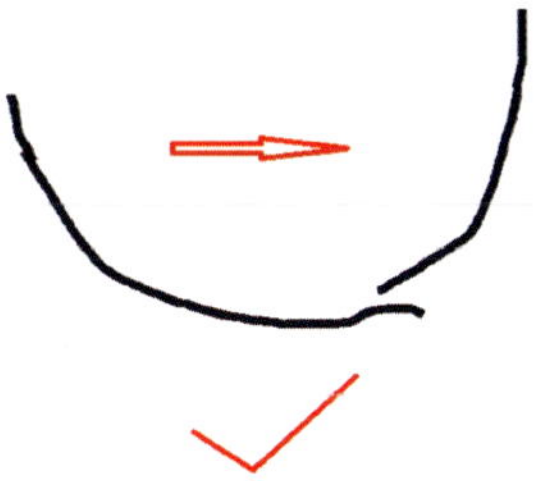

左前外MO

4. 换足前后弧线长短不均匀，滑线过直。

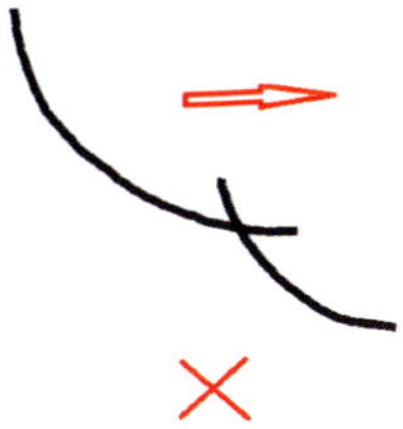

前内MO–滑线过直，滑线不均匀

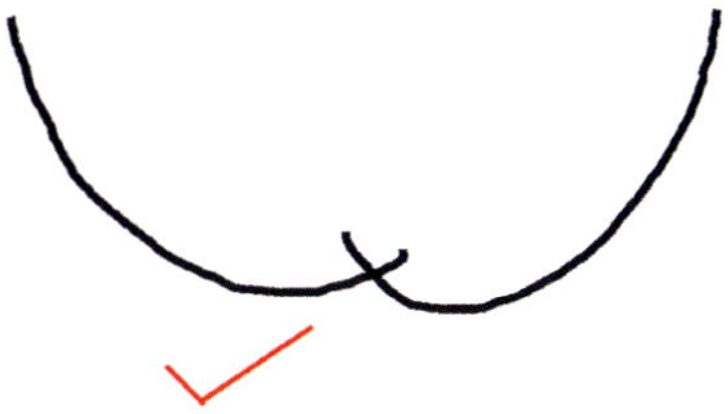

滑线均匀，弧线饱满

（四）动作要求

正确的莫霍克步应符合以下标准：

1. 所有滑线要在弧线上完成，用刃清晰，滑行稳定。
2. 换足前后弧线长度均匀，滑线长度应与滑行者身高相符。
3. 换足时膝关节有明显屈伸，让整个莫霍克步有韵律地进行。
4. 自始至终保持良好的滑行姿态。

练习小贴士

1. 莫霍克步种类较多，不同用刃的莫霍克步完成难度也不同，作为教练员应该根据各种莫霍克步的难易程度，由易到难训练学员。可参考以下顺序：

（1）前内（开式/闭式）莫霍克步　（2）后内开式莫霍克步

（3）后外开式莫霍克步　（4）前外开式/闭式莫霍克步

2. 莫霍克步有开式和闭式之分，换足后浮腿在滑腿后方为开式莫霍克步；换足后浮腿在滑腿前方为闭式莫霍克步。教练员应该非常清楚开式和闭式莫霍克步的换足位置，引导学员以正确的方式完成。

3. 在最初练习莫霍克步时，应该引导学员在圆上练习，以建立正确的弧线滑行概念和滑行用刃。

4. 在练习初期，教练员可以给予相应辅助，降低学员的恐惧心理。

5. 在单独练习莫霍克步时，教练员应该要求学员换足前后的弧线长短要一致。让学员均匀地练习左右脚的滑行能力。当学员熟练掌握后，可以根据实际需要随意应用。

三、乔克塔步

乔克塔步，是在相反的两个弧线上，通过换足完成的由前—后或由后—前的转体步法。在实际应用过程中，分为开式乔克塔步和闭式乔克塔步。不同用刃的乔克塔步难度也有所不同。虽然是换足的转体步法，但有些种类的乔克塔步对于初学者来说完成起来有一定困难。在比赛的步法定级中，乔克塔步属于难度类转体步法。这里选择较为常用的乔克塔步进行介绍。

（一）动作描述

1. 前内—后外闭式乔克塔步（左前内）

1　　　　2　　　　3

1 滑进：左足以前内刃屈膝沿弧线滑进，左臂在前右臂在后，浮腿伸直在滑腿后方。	2 换足时：右足收回放置左足跟部换足，身体重心从一弧线移向相反弧线。	3 换足后：右足用后外刃滑出，左腿迅速抬起，伸至右足前方，完成由前—后的转身。

2. 前内—后外开式乔克塔步（左前内）

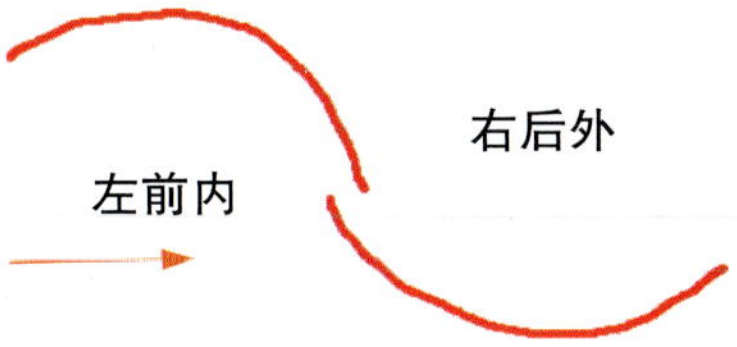

1　　2　　3

1 滑进：左足以前内刃屈膝沿弧线滑进，左臂在前右臂在后，与浮腿呈反作用力。	2 换足时：右足收回到滑脚内侧，身体重心从一弧线移向相反弧线。	3 换足后：浮腿有两种摆放方式，弯曲靠近滑足或伸直在滑腿后方，后者难度较大。

3. 后外—前内闭式乔克塔步（右后外）

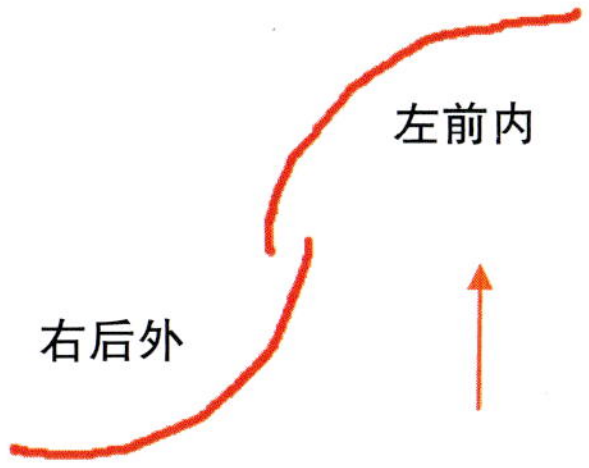

1　　2　　3

1 滑进：右足以后外刃屈膝沿弧线滑进，浮腿在滑腿后方，身体外展，手臂与滑足伸直在滑线上。	2 换足时，左足收回放置右足后外侧身体重心移到左足，从一个弧线移向相反弧线。	3 换足后，左足用前内刃屈膝沿弧线滑出，浮腿伸直在滑腿前方，手臂与浮足呈反作用力。

4. 后内—前外乔克塔步（右后内）

滑线如图：

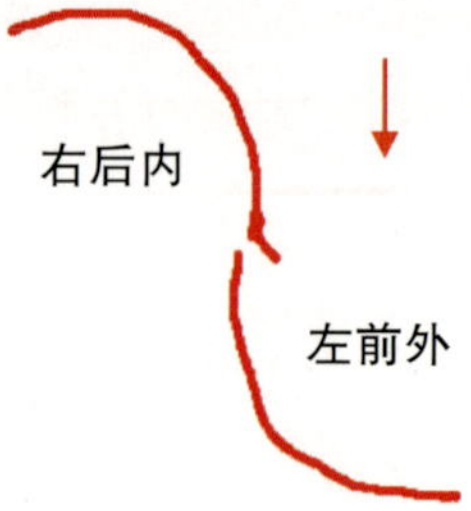

注：该组乔克塔步，属于非正规乔克塔步，但符合乔克塔步的概念。是所有旋转前的准备步法，建议教练员对该步法给予足够重视，为学习旋转做好准备。

1　　2　　3

1 滑进：右足以后内刃屈膝沿弧线滑进，浮腿在滑腿后方，左臂在前，右臂在后，与滑足呈反作用力。	2 换足时，左足收回放置右足内侧，右足屈膝蹬冰。将身体重心迅速移到左足，从一个弧线移向另一个相反弧线。	3 换足后，左足用前外刃屈膝沿弧线滑出，浮腿伸直在滑腿后方，手臂与滑足为同侧。

（二）动作重点

滑进 1. 膝关节充分下压，身体重心向圆内倾斜，以帮助加大弧线深度。 2. 根据乔克塔步的类型，正确选择浮腿位置。	 前内闭式滑进　前内开式滑进　后内开式滑进

（续表）

换足 1. 根据开式或闭式的要求，选择正确的换足位置。 2. 换足时膝关节弯曲，提供一定的缓冲，便于重心的移动。 3. 换足时肩、髋保持平行，保证换足的稳定性。 4.换足过程中身体重心应有意识地向相反弧线倾斜，便于下一个弧线的滑出。	 闭式换足，浮足放置滑足后面。  开式换足，浮足放置滑足前面。  换足时，重心向相反弧线倾斜。
滑出 1. 在换足后需要完成一个与滑进弧线相仿的弧线。身体重心的变换，应及时从一个圆转换到另一个圆。 2. 换足后身体向圆内倾斜，浮足在滑线上。 3. 当学员初步掌握了换足动作，可以让其进一步体会身体重心的倾斜，以加大弧线深度。	 浮腿在滑线上，重心向圆内倾斜

（三）易犯错误

当学员基本掌握了乔克塔步的技术后，由于技术动作不够规范，仍然会出现以下常见的错误动作，建议教练员在训练过程中仔细观察，及时纠正。

1. 滑进与滑出没有明显的弧线，换足后用刃错误。

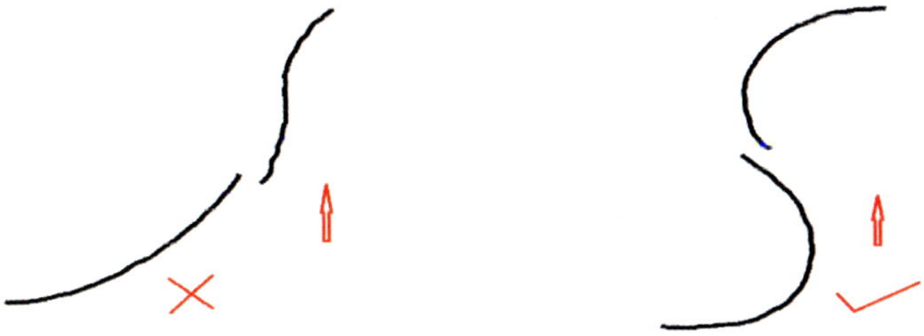

2. 换足时两脚距离过大，膝关节没有屈、伸。

3. 换足后浮腿没在滑线上，上体重心向圆外倾斜。

（四）动作要求

正确的乔克塔步应符合以下标准：

1. 滑行轨迹要在两个相反弧线上完成，用刃清晰准确。
2. 换脚前后弧线长度均等，滑线长度应与滑行者身高相符。
3. 换足时膝关节有明显屈伸，让整个乔克塔步有韵律地进行。
4. 滑进和滑出时身体重心有明显的移动，由一个弧线移向另一个相反弧线。
5. 自始至终保持良好的滑行姿态。

练习小贴士

1. 乔克塔步种类较多，不同的用刃，完成难度也不同，作为教练员应该根据各种乔克塔步的难易程度，由简到难训练学员。请参考以下练习顺序：

（1）后内—前外开式乔克塔步 （2）前内—后外闭式乔克塔步 （3）后外—前内闭式乔克塔步/前内—后外开式乔克塔步

2. 乔克塔步有开式和闭式之分，换足后浮腿在滑腿后方为开式乔克塔步；换足后浮腿在滑腿前方为闭式乔克塔步。教练员应该非常清楚开式和闭式乔克塔步的换足位置，引导学员以正确的方式完成。

3. 在练习乔克塔步时，建议教练员让学员在两个相反弧线上练习，建立最初正确的滑线感觉。必要时可以在冰上滑出相应的滑线，让学员对滑行方向有更直观的印象。

4. 在练习初期，教练员可以给予相应辅助，让学员体会身体重心由一个弧线移向另一个相反弧线。

5. 在单独练习莫霍克步时，教练员应该要求学员换足前后的弧线长短要一致，让学员均匀地练习左右脚的滑行能力。当学员熟练掌握后，可以根据实际需要随意应用。

滑进

滑出

四、括弧步

括弧步是在同一弧线用单足完成的由前—后或由后—前的转体步法，转体前后的用刃不同。括弧步的转体方向与3字步恰好相反，转尖方向朝弧线外侧。共分为四个不同用刃做法。括弧步在正式比赛的接续步中列为评定等级的难度步法。

滑线如图：

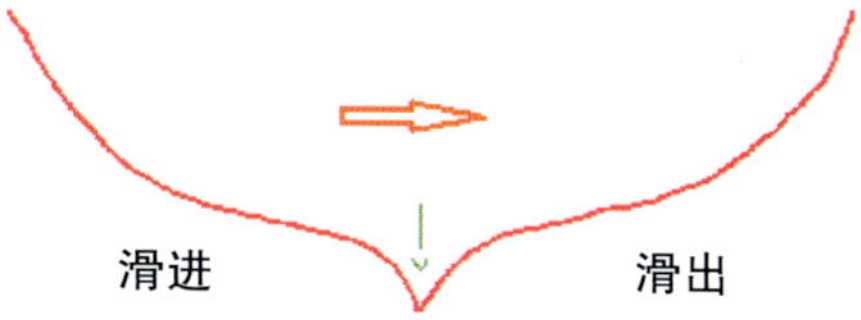

括弧步的滑行轨迹

（一）动作描述

1. 前外括弧步（左前外）

1 滑进：左足以前外刃沿弧线滑进，浮腿伸直在滑腿后方或前方，双臂在滑线上。	2 转体：当要进入转体前，浮腿收回到滑足旁，同时脚下由前外转为后内。	3 转体后，左足屈膝以后内刃滑出，浮腿伸直在前，左肩向后拉，帮助稳定滑行。

2. 前内括弧步（右前内）

1　　　　2　　　　3

1 滑进：右足以前内刃沿弧线滑进，浮腿伸直在滑腿前方。前手与浮腿呈同侧。	2 转体：当要进入转体前，浮腿收回到滑足旁，同时足下由前内转为后外。	3 转体后，左足屈膝以后外刃滑出，浮腿伸直在前，左肩向后拉，帮助稳定滑行。

3. 后外括弧步（右后外）

3　　　　2　　　　1

3 转体后，右足屈膝以前内刃滑出，浮腿伸直在后，前手与滑足为同侧，便于前内刃滑出。	2 转体：当要进入转体时，浮腿由后收回到滑足旁，同时脚下由后外转为前内。	1 滑进：右足以后外刃沿弧线滑进，浮腿伸直在滑腿后方。前手与滑腿位呈反向。

4. 后内括弧步（左后内）

3　　　　　　2　　　　　　1

3 转体后，左足屈膝以前外刃滑出，浮腿伸直在后，前手与滑足呈反向。便于前外刃滑出。	2 转体：当要进入转体时，浮腿由后收回到滑足旁，同时脚下由后内转为前外。	1 滑进：左足以后内刃沿弧线滑进，浮腿伸直在滑腿后方。前手与滑腿呈同侧。

（二）动作重点

滑进阶段 1. 由于括弧步是在同一个弧线上完成的转体，重心始终要向圆内倾斜。 2. 根据用刃不同，正确运用手臂和浮腿的位置，以帮助完成正确弧线和转体。 3. 浮腿无论在前还是在后，都要控制在滑线上。	 前滑括弧步  后滑括弧步

（续表）

转体阶段 1. 括弧步的转体主要靠髋部和滑足转动。 2. 转体时，滑腿需要随转体适当屈伸，浮足靠近滑足。 3. 前—后括弧步：稍踩冰刀前半部，身体始终背靠圆心。 4. 后—前括弧步：稍踩冰刀后半部，身体始终面向圆心。 5. 转体时，肩与髋要保持平行。	 前—后括弧步：稍踩冰刀前半部，身体始终背靠圆心。 后—前括弧步：稍踩冰刀后半部，身体始终面向圆心。
滑出弧线 1. 转体后，滑足用相反刃沿同一弧线滑出，否则会出现错误用刃的现象。 2. 转体后，滑腿立即屈膝下压，以保证滑行的稳定。 3. 根据用刃不同，正确运用手臂和浮腿的位置，以帮助转体后控制平衡（见动作描述）。 4. 浮足伸直并放在滑线上。 5. 转体后重心立即向圆内倾斜。	
转尖的位置 括弧步在同一个弧线完成，最佳转尖位置应该在半圆形弧线的最顶端。	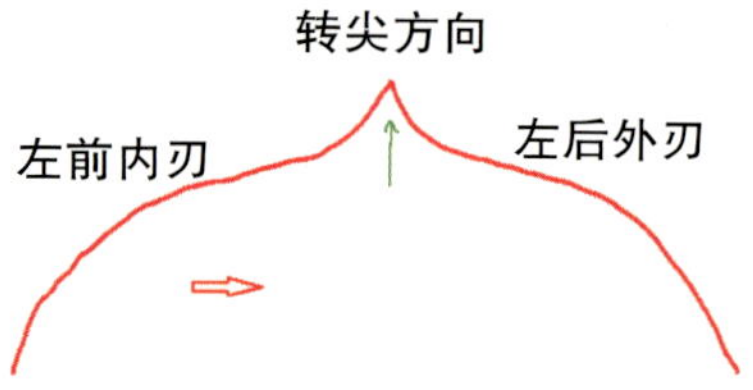

（三）易犯错误

当学员基本掌握了括弧步的技术后，由于技术动作不够规范，仍然会出现以下常见的错误动作，建议教练员在训练过程中仔细观察，及时纠正。

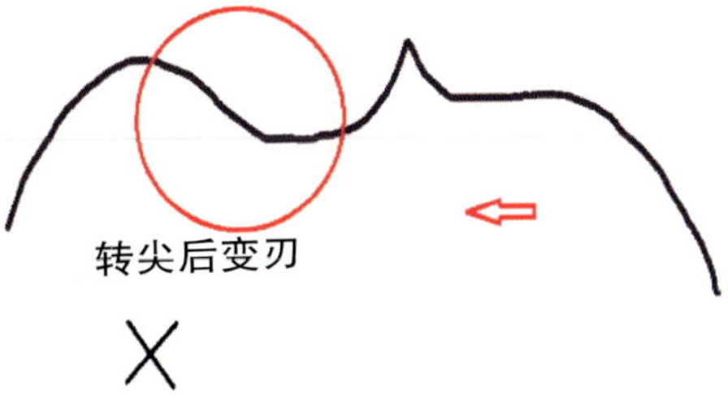

转体后变刃

转体后直线滑出

转体时跳过

转体后滑腿没有屈膝，身体重心向圆外倾斜

（四）动作要求

正确的括弧步应符合以下标准：

1. 所有滑线要在同一个弧线上完成，用刃清晰准确。
2. 转体前后弧线长度均匀，滑线长度应与滑行者身高相符。
3. 转体时膝关节有明显屈、伸，让整个步法有韵律地进行。
4. 自始至终保持良好的滑行姿态。

练习小贴士

1. 在学习括弧步以前，教练员应正确描述该步法的用刃和滑行轨迹。让学员建立正确概念，必要时可以在冰上画出相应的滑线，让学员对滑行方向有更直观的印象。

2. 四个用刃的括弧步，难易程度不同。在教学过程中应遵循以下顺序：

（1）前外括弧步（2）前内括弧步（3）后外括弧步（4）后内括弧步

3. 在最初练习时，建议教练员可以做相应的辅助，帮助学员体会正确的身体位置和转体节奏。

滑进

滑出

4. 滑进屈膝——转体时稍站起——转体后立即屈膝下压，是转体步应遵循的规律，这可以保证步法有韵律的完成。

5. 前-后括弧步：稍踩冰刀前半部。后-前括弧步：稍踩冰刀后半部。清楚转体时冰刀的位置

6. 初学括弧步时，必须沿弧线完成并保持滑进和滑出距离均匀。当已经熟练掌握后，可以根据需要随意使用，但要符合正确用刃。

五、内勾步

内勾步是在两个相反弧线上，用同一个刃完成的由前—后，或由后—前的单足转体步法。第一个弧线以3字步弧线滑进，第二个弧线以括弧步弧线滑出，转尖朝向与滑行方向相反。内勾步在正式比赛的接续步中列为评定等级的难度步法。

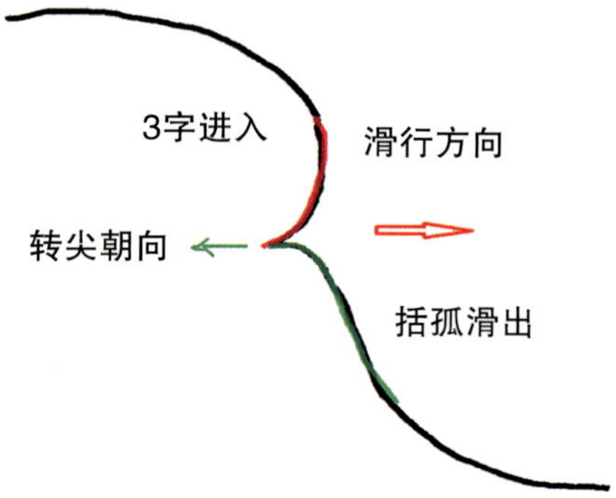

内勾步滑行轨迹

（一）动作描述

1. 前外内勾步（右前外）

4　　3　　2　　1

4 滑出：右足以后外刃朝相反弧线滑出。浮腿伸直在滑足前方，上体背靠圆心。	3 转体后，当滑足由前转到后时，右肩向后拉，帮助重心移到相反弧线，完成由前—后的转体。	2 准备转体：当要进入转体前，浮腿由前收回到滑足旁，同时身体向圆内开始转体。	1 滑进：左腿屈膝用前外刃沿弧线滑进，浮腿伸直在滑腿前方，双手自然平伸。

2. 前内内勾步（右前内）

4　　3　　2　　1

4 滑出：右足以后内刃朝相反弧线滑出。浮腿伸直在滑足前方，上体背靠圆心。	3 转体后，当滑足由前转到后时，右肩向后拉，帮助重心移到相反弧线，完成由前—后的转体。	2 准备转体：当要进入转体前，浮腿由前收回到滑足后方，同时身体向圆内开始转体。	1 滑进：右腿屈膝用前内刃沿弧线滑进，浮腿伸直在滑腿前方。前手与浮腿呈相反方向。

3. 后外内勾步（右后外）

1

2

3

1 滑进：右腿屈膝用后外刃沿弧线滑进，浮腿与左臂伸直在滑腿后方。身体外展，背靠圆心。	2 转体：当进入转体前，浮足收回到滑足旁，由髋部带动滑足向左转体，完成由后—前的转体。	3 滑出：转体后，右足以前外刃屈膝，朝相反弧线滑出。浮腿伸直在滑腿后方，前臂与滑腿呈相反方向。

4. 后内内勾步（右后内）

1

2

3

1 滑进：右腿屈膝用后内刃沿弧线滑进，浮腿与右臂伸直在滑腿后方。身体外展，背靠圆心。	2 转体：在弧线顶端处，浮足收回到滑足旁，由髋部带动滑足向右转体，完成由后—前的转体。	3 滑出：转体后，右足以前内刃屈膝朝相反弧线滑出。浮腿伸直在滑腿后方，前臂与滑足呈相反方向。

（二）动作重点

<table>
<tr>
<td rowspan="1">滑进阶段
1. 内勾步的滑进方式同3字步，进入相对简单。
2. 滑进时，膝关节需要下压滑出饱满的弧线。身体重心向圆内倾斜。
3. 浮腿沿滑线方向，有意识的伸向转尖处。
4. 正确运用浮腿与手臂的位置（见动作描述）。</td>
<td colspan="2">
前内勾步滑进：浮腿前伸置于滑线，身体稍向圆内转动，为转体做准备。

后内勾步滑进：浮腿后伸置于滑线，身体稍向圆外转动，背靠圆内，为转体做准备。</td>
</tr>
<tr>
<td>转体阶段
1. 转尖位置要与滑行方向相反。
2. 转体时浮足靠近滑足，转体瞬间滑腿稍站直。
3. 身体立直在滑足上，选择正确的冰刀着力点。</td>
<td colspan="2">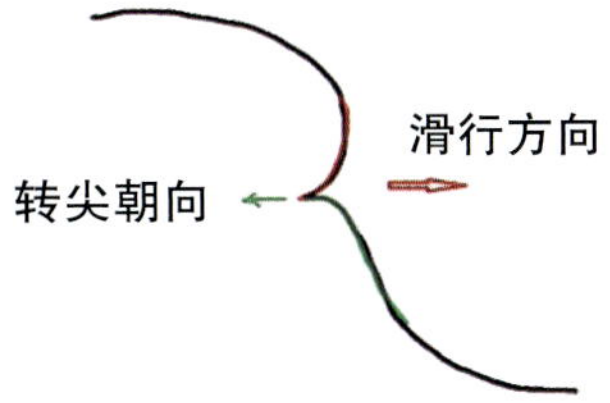

前—后内勾步转体：着力点在冰刀前半部

后—前内勾步转体：着力点在冰刀后半部</td>
</tr>
<tr>
<td>滑出弧线
1. 转体后，重心立即从一个弧线移动到相反弧线。以正确用刃滑出，避免出现变刃。
2. 控制好浮腿和上体位置，浮腿放至滑线上。
3. 滑腿屈膝下压，保证滑行的用刃和稳定性。</td>
<td>
前内勾步滑出：身体外展，双臂与浮足控制在滑线上。</td>
<td>
后内勾步滑出，前臂与滑腿相反，有利于控制转体惯性。</td>
</tr>
</table>

（三）易犯错误

当学员基本掌握了内勾步技术后，由于技术动作不够规范，会出现以下常见的错误动作，建议教练员在训练过程中仔细观察，及时纠正。

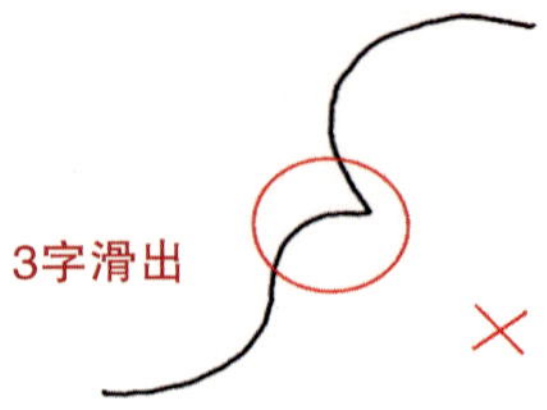

转体后变刃，3字滑出

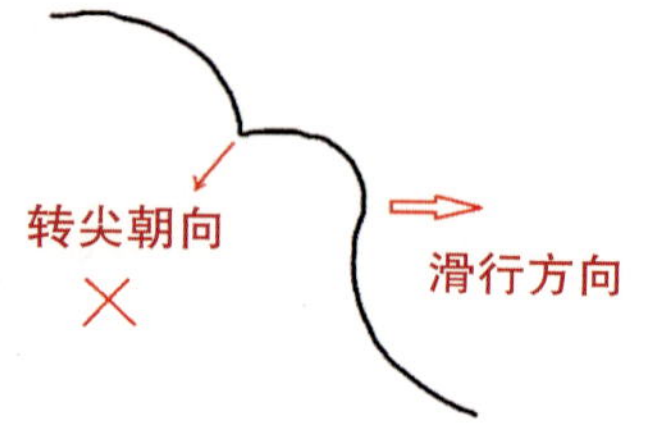

转体过早，与滑行方向不一致，转体后用刃错误

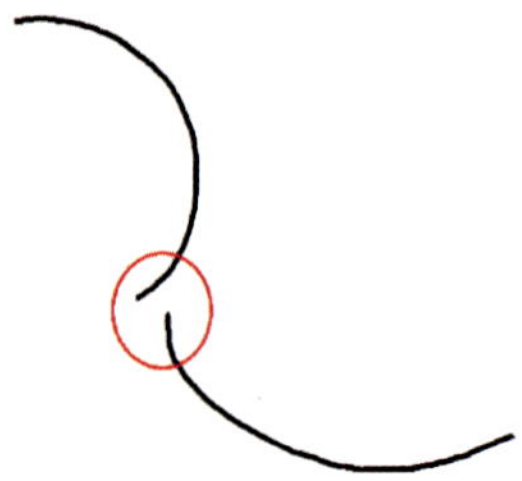

转体时跳过

转体时浮腿远离滑足或抬起过高

（四）动作要求

同括弧步。

练习小贴士

1. 在学习内勾步以前，教练员应正确描述该步法的用刃和滑行轨迹，让学员建立正确概念。必要时可以在冰上画出相应的滑线，让学员对滑行方向有更直观的印象。

2. 四个用刃的内勾步，难易程度不同。在教学过程中应遵循以下顺序：

（1）前外内勾步（2）前内内勾步（3）后内内勾步（4）后外内勾步

3. 由于内勾步转尖后以括弧步形式滑出，学员通常会在转体后出现错误用刃，即以3字步的形式滑出，这一问题需要教练员特别注意纠正。

4. 必要时教练员应给与相应辅助，帮助学员体会重心的转换。

5. 在滑进和滑出时，身体都应尽量向圆内倾斜。身体重心明显地由一个弧线向另一个弧线倾斜，同时伴随膝关节下压，可以帮助完成两个饱满的相反弧线。

6. 初学内勾步时，必须沿弧线完成并保持滑进和滑出距离均等。当已经熟练掌握后，可以根据需要随意应用，但要保证正确用刃。

六、外勾步

外勾步是在两个相反弧线上，用同一个刃完成的由前—后，由后—前的单足转体步法。第一个弧线以括弧步滑进，第二个弧线以3字步滑出，转尖朝向与滑行方向相同，外勾步在正式比赛的接续步中列为评定等级的难度步法。

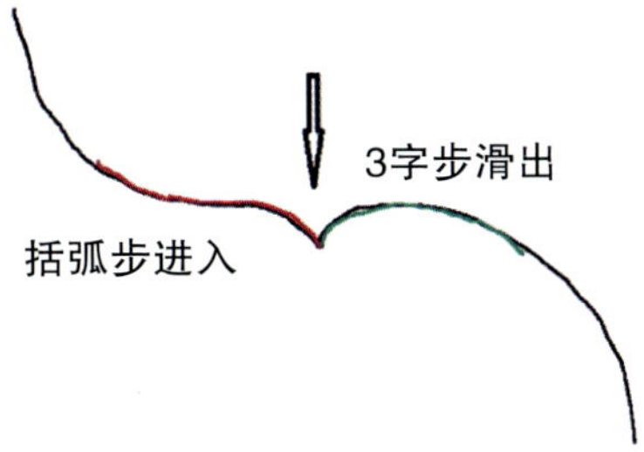

外勾步滑行轨迹

（一）动作描述

1. 前外外勾步（左脚）

1

2

3

1 准备：左腿屈膝用左前外刃沿弧线滑进，浮腿伸直在滑腿前方。前手与浮腿呈反方向。	2 转体：在弧线顶端处，浮足收回至滑足，由髋部带动滑足向右转动，完成由前—后的转体。	3 滑出：转体后，左足以后外刃从相反弧线滑出。浮腿伸直在滑足前方，前臂与浮足呈同侧。

2. 前内外勾步（左脚）

1　　2　　3

1 滑进：左腿屈膝用前内刃沿弧线滑进，浮腿伸直在滑腿前方。前手和浮腿呈反方向。	2 转体：在弧线顶端处，浮足收回到滑足旁，由髋部带动滑足向左转动，完成由前—后的转体。	3 滑出：转体后，左足以后内刃滑出相反弧线。浮足伸置在滑腿前方，前手臂与浮足呈反作用力。

3. 后外外勾步（右脚）

1　　2　　3

1 滑进：右腿屈膝用后外刃沿弧线滑进，浮腿伸直在滑腿后方。前手与滑足呈反方向。	2 转体：在弧线顶端处，浮足收回到滑足旁，由髋部带动滑足向右转动，完成由后—前的转体。	3 滑出：转体后，右足以前外刃滑出相反弧线。浮腿伸直在滑腿后方，前手与滑腿呈同侧。

4. 后内外勾步（右脚）

1　　　　2　　　　3

1 滑进：右腿屈膝用后内刃沿弧线滑进，浮腿伸直在滑腿后方。前臂与滑腿呈反方向。	2 转体：在弧线顶端处，浮足迅速收回到滑足，由髋部带动滑足向左转动，完成由后—前的转体。	3 滑出：转体后，右足以前内刃从相反弧线滑出。浮腿伸直在滑腿后方，前臂与滑足呈反方向。

（二）动作重点

滑进阶段 1. 由于外勾步的滑进方式同括弧步，滑进难度相对较大，容易在此时出现变刃。 2. 滑进时，身体向弧线内倾斜，膝关节下压滑出饱满的弧线，可有效避免提前变刃。 3. 浮腿摆出的方向，应沿着滑线指向转尖处。 4. 手臂、浮足要协调配合，呈反作用力，为下一步转体做好准备。	 前滑外勾步　　后滑外勾步

（续表）

转体阶段 1. 转尖位置要朝向滑行方向。 2. 转体时浮足靠近滑足，转体瞬间滑腿稍站直。 3. 身体立直在滑足上，选择正确的冰刀着力点。	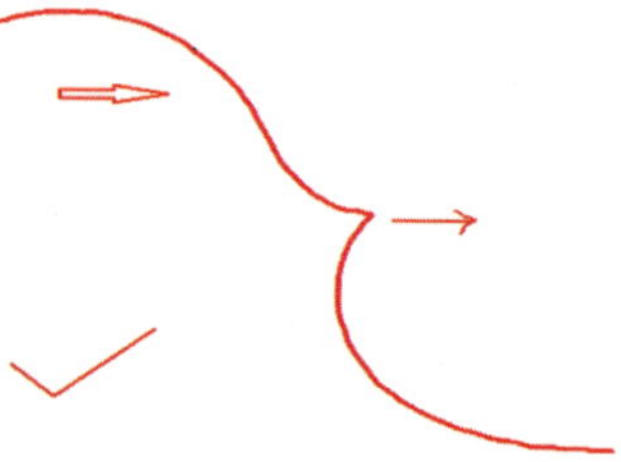  前—后外勾转体， 稍踩冰刀前半部分  后—前外勾转体， 稍踩冰刀后半部分
滑出弧线 1. 转体后身体重心要从一个弧线立即移动到另一个弧线。保证以正确用刃滑出。 2. 转体后，浮足和手臂控制在正确的位置，并放至滑线上。 3. 转体后膝关节屈膝下压，身体向圆内倾斜，以保证滑出时的正确用刃。	 前滑外勾滑出  后滑外勾滑出

（三）易犯错误

当学员基本掌握了外勾步技术后，由于技术动作不够规范，会出现以下常见的错误动作，建议教练员在训练过程中仔细观察，及时纠正。

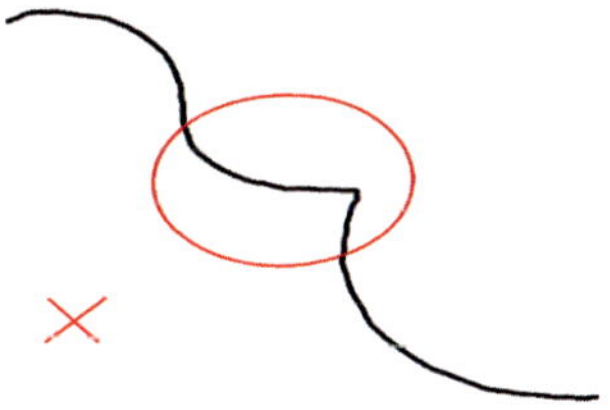

转体前变刃

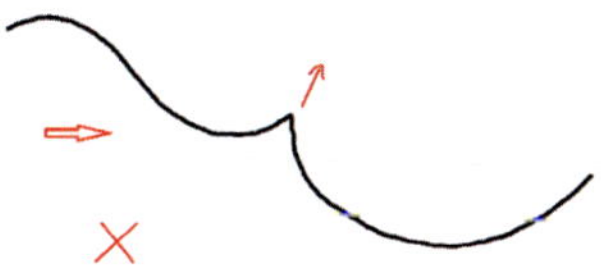

转尖位置不正确

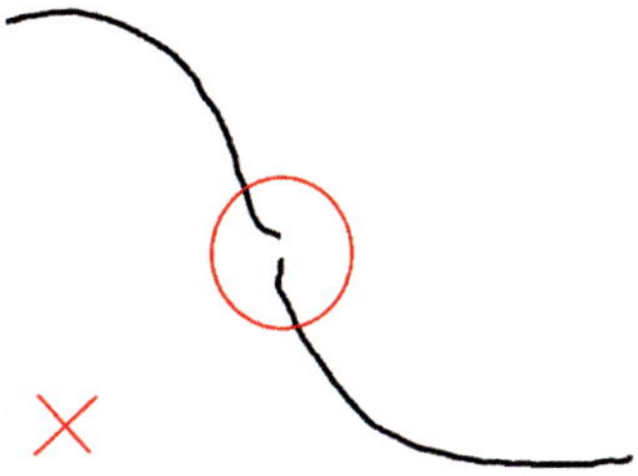

转体时跳过

转体时浮腿远离滑足

（四）动作要求

同内勾步。

练习小贴士

1. 在学习外勾步以前，教练员应正确描述该步法的用刃和滑行轨迹，让学员建立正确概念，必要时可以在冰上画出相应的滑线，让学员对滑行方向有更直观的印象。

2. 四个用刃的外勾步，难易程度不同。在教学过程中应遵循以下顺序：

（1）前外外勾步（2）前内外勾步（3）后外外勾步（4）后内外勾步

3. 由于外勾步在转尖前是以括弧步的形式滑进，很多学员会在此阶段出现转体前变刃，将内勾步变为3字步。对此教练员需要特别注意纠正。

4. 必要时教练员应给与相应辅助，帮助学员体会重心的转换。

5. 在滑进和滑出时，身体都应向圆内倾斜，身体重心明显地由一个弧线移至另一个弧线，同时伴随膝关节下压，可以帮助正确用刃，完成两个饱满的相反弧线。

6. 初学外勾步时，必须沿弧线完成并保持滑进和滑出距离均匀。当已经熟练掌握后，可根据需要随意使用，但要保证正确用刃。

第三节　高难度转体步法

当完成了以上步法练习后，可以在基本步法上进一步增加难度。在这部分内容中介绍两种难度相对较高的步法，即捻转步和节环步。这两种步法在比赛中的步法等级评定中均属于难度步法，需要学员具备良好的滑行能力才能完成。这里只针对动作描述做简单介绍。

一、捻转步

捻转步是1周或多周的单足连续转体步法，转体快并连续无间断，可从前、后、内、外等不同用刃进入。

（一）动作描述

1. 进入转体：分别可从四个不同用刃进入，包括逆时针和顺时针转体。进入转体时迅速收腿、收脚，同时肩、髋部带动身体转体。

前外刃进入　　前内刃进入　　后外刃进入　　后内刃进入

2. 转体：转体时需要后背立直，以滑脚为转体轴心，双手收置胸前，浮腿尽量靠近滑腿。

（二）动作要求

1. 捻转步的转体至少要达到1周以上。

2. 捻转步必须是快速而连续不断的转体，如果转体过慢会做成连续3字步，则不符合捻转步的要求。

3. 捻转步的转体必须要在滑进中进行，如果转体没有明显的前进，只在原地进行，做成了类似旋转的动作，也是不符合要求的。

二、节环步

节环步是运用同一个刃，沿同一个滑行方向，滑出一个节环形状的图形，这需要学员具备较强的用刃控制能力。

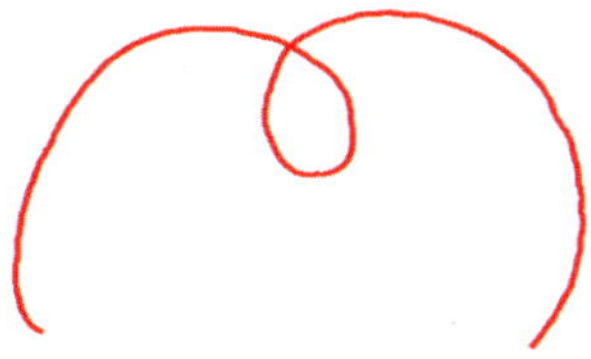

节环步滑行轨迹

（一）动作描述（左前外）

1 进环：滑足与前手相反，浮腿控制在后 。	2 环中：滑足始终踩住前外刃，浮足收回靠近滑足，同时滑腿进一步下压帮助完成节环。	3 出环：出环瞬间滑腿顺势站起，同时浮腿摆向滑腿前方。

（二）动作要求

1. 要求用单足流畅完整地滑出一个节环。

2. 节环步在过去的图形比赛中，要求呈现出一个完整的圆形，但在当代花样滑冰中，节环一般会应用在接续步中，其节环步的图案要求相对宽松。只需要清晰的完成节环，并有明显的进环和出环弧线即可。

没有节环

3. 在比赛中评定接续步的等级时，对节环步的形状也有相应的规定。节环半径过大或过小甚至没有节环，都不会被承认。

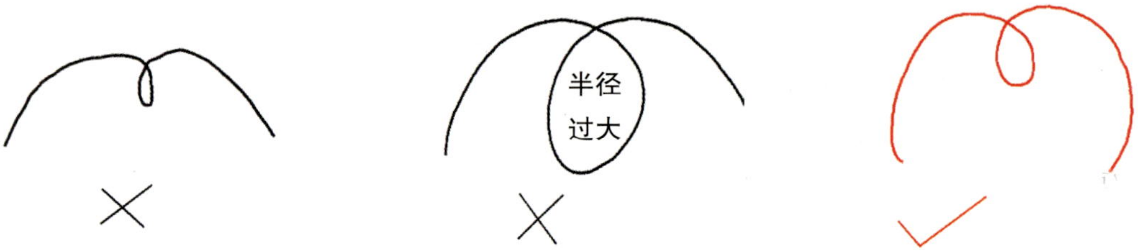

半径过小

第四节　滑行技术相关知识

滑行技术是一切动作的基础，尤其对初学者来说，掌握了正确的滑行技术，会对未来学习跳跃和旋转提供有效的技术保证。同时滑行技术也是衡量艺术表演水平的重要因素。作为教练员，不仅要了解各种滑行步法的做法，还要清楚滑行技术的原理。在教会学员步法的同时，还要帮助他们对步法建立正确概念，为今后提高滑行技术能力打好基础。在这部分内容中我们筛选了一些重点注意的知识点，供大家参考。

一、与滑行技术相关的问题

（一）滑行的用刃、出脚及弧线

在花样滑冰中除了直线滑行外，所有的滑行都应该以内刃或外刃在弧线上完成。过多的平刃滑行会限制倾斜角度，影响滑行速度。注意要求学员每个步法的出脚方向要沿横轴出脚，这是提高滑行幅度用刃深度的有效途径，同时也可以避免平刃滑行。

（二）滑行膝关节的弹性

花样滑冰运动员的膝关节应该是有弹性并富有韵律的。正确地运用膝关节不仅会使滑行平稳流畅，而且也是提高滑行速度的重要因素。对于初学者来说，滑行速度来源于蹬冰，当学员掌握了一定滑行能力后，教练员则需要让他们体会如何利用膝关节的屈、伸来帮助获得更大的速度，这会对未来的滑行技术起到事半功倍的作用，也是提高滑行流畅性的重要因素。

（三）滑行浮腿的位置与状态

在基本的滑行中浮腿的状态不仅影响滑行姿态，而且还有保持平衡的重要辅助功能，这一点有时往往会被忽略。因此教练员不仅要关注滑脚是否正确，同时也要检查浮腿的位置和状态是否正确，让学员从基础滑行时就养成规范的滑行状态。

正确的浮腿状态应该是伸直，脚尖外展，在某些步法中要求浮腿与滑腿在同一滑线上。

（四）滑行的重心

重心是保证平衡的重要因素。有人认为，前滑时身体重心要前倾；后滑时身体重心要后倾。但根据对滑行时冰刀所处位置分析，重心的最佳位置应该与滑腿保持垂直，可根据滑行方向稍有变化，但不应有明显的前屈或后仰。当滑行技术稳定后，教练员可以让学员逐步体会身体重心左右倾斜的滑行感觉，帮助提高冰刀的倾斜角度，加大滑行幅度。

（五）滑行的蹬冰

蹬冰是滑行速度的主要来源，同时也能帮助身体重心由一只脚移动到另一只脚上。有效的蹬冰应该从屈膝开始，踝关节下压，冰刀以刃蹬出。切记避免刀齿蹬冰。

（六）滑行的姿势

滑行姿势是指头、手臂、后背、浮腿等各部位的姿势组合。对于初学者，其基本滑行姿态应该是自然而有控制的。教练员在练习过程中应该随着学员滑行水平的提高，不断完善和美化这些身体部位的状态。这是未来提高表演水平的基础条件。

1. 头部状态：抬头，目视前方。

2. 手臂状态：自然抬起在身体侧前方45° 方向，手臂高度在腰部以上、肩部以下，过高容易引起端肩。

3. 后背状态: 后背立直，腰部收紧。根据滑行需要可以有前后左右的倾斜，但不能出现腰部放松、驼背的状态。

4. 浮腿的状态：伸直，脚尖外展。

5. 滑腿的状态：滑腿膝关节弯曲，并有韵律。

二、步法的分类

花样滑冰的步法种类繁多，每种步法包括前后、内外、左右等8个不同的用刃。在目前所运用的步法中包括两大类别，即非转体类步法（steps）和转体类步法（turns）。以下根据比赛的规则要求，对各步法进行分类，为大家提供更系统的了解。

非转体类步法（steps）	简单转体步法（turns）	难度转体步法（difficult turns）
交叉步	莫霍克步	内勾步
摇滚步	3字步	外勾步
变刃步		括弧步
夏塞步（垫步）		乔克塔步
刀齿步		特维兹勒步
小跑步		节环步

注：以上这些步法，在比赛中是评定步法难度等级的必要条件。

三、步法的英文缩写

用刃类		步法类	
中文	英文缩写	中文	英文缩写
左	L	3字步	3
右	R	夏赛步	Cha
前	F	莫霍克步	Mo
后	B	摇滚步	Ro
内	I	括弧步	Brk
外	O	乔克塔步	Cho
		内勾步	Rk
		外勾步	Ct
		捻转步	Tw
		节环步	Lp

第三章　跳跃

跳跃动作是花样滑冰重要组成部分。花样滑冰经过多年的演变，目前在比赛中被承认的跳跃种类共包括6种。其中只有一种跳跃是向前起跳，其他均为向后起跳。跳跃周数由最简单的半周到目前最高难度的4周跳，每种跳跃又分为单跳、联跳、连续跳的形式。任何一种跳跃动作都是由准备、起跳、空中动作和落冰动作4个技术环节组成。我们在本章中，将各种跳跃的动作进行规范性描述，为广大教练员对初学者教学提供有效的参考依据。

第一节　基础跳跃

一、华尔兹跳（W）

华尔兹跳是6种跳跃中唯一前起的跳跃。空中转体半周，其跳跃轨迹类似3字，因此也称为3字跳。

（一）动作描述

4 落冰时，首先用右足刀齿触冰，并迅速过度到右后外刃滑行，膝部弯曲，浮足向后伸直。	3 空中：起跳同时两臂与浮腿由后方向前方向摆出。空中上体保持直立，两腿分开，空中转体180°。	2 起跳：左腿以前外刃滑出，双臂和浮足同时后摆。起跳瞬间，滑足刀刃迅速过度到刀齿，制动起跳。	1 准备：用右后外刃弧线滑行，由后转向前，为起跳做准备。

（二）教学步骤

1. 第一步：对于初次学习华尔兹跳跃的学员，教练员可以让他们练习一些原地或前滑中的非转体跳跃。如原地双足跳和兔子跳等，这些跳跃可以让学员初步体会刀齿起跳感觉。

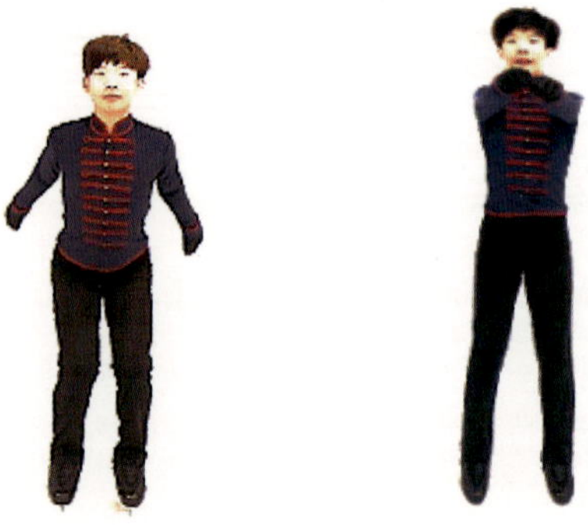

原地双足跳

1　　2　　3　　4

兔子跳

2. 第二步：在圆上练习右后外—左前外滑行（后外开式莫霍克步），让学员可以扎实稳定地完成这一滑行才可以进行下一步的跳跃。

1　　2　　3

3. 第三步：初步尝试跳跃，要强调起跳动作手脚协调配合，建立正确的起跳节奏，在此阶段，不要求跳跃的高度和空中姿势。必要时教练员可以采用适当口令进行引导。

4. 第四步：提高阶段，当所有阶段动作已熟练掌握，教练员再要求学员加大跳跃幅度，美化空中姿态。

（三）动作重点

准备阶段 1. 从后外刃接前外刃动作要稳定，整个滑行应在弧线上完成。 2. 身体由后过度到前时，重心始终靠住圆内。 3. 前外刃滑出前，浮足收回到滑足后面，双臂自然收回。	 1　2 后外刃准备
起跳阶段 1. 前外刃滑出时重心要完全在滑足上，膝关节深蹲。 2. 浮腿和手臂充分后摆，适当将左肩控制在稍前，避免出现起跳前转体。 3. 起跳时，要注意浮腿与手臂前摆动作与滑腿起跳要协调一致，同时重心要跟上，这是决定跳跃质量的关键。	 前外刃起跳
落冰阶段 1. 落冰滑出时，注意屈膝，踝关节下压，这一缓冲动作是落冰平稳滑出的保证。 2. 左臂和左肩稍控制在前，以控制落冰后的旋转惯性。 3. 注意浮腿向侧后方伸直，脚尖外展以增加落冰的美感。	 后外刃落冰滑出

（四）易犯错误

1. 后外刃—前外刃弧线过短，准备阶段不充分，从而导致起跳前重心不稳，直接影响跳跃质量。建议反复练习教学步骤2。

2. 起跳时上体转动角度过大，这会破坏空中的轴心，出现抡转。建议前外刃稍控制左肩。

3. 空中姿势没有展开，双臂摆动过高，端肩。建议陆地模仿，体会空中动作感觉。

4. 在最初练习时容易出现摆腿与起跳不协调，在这种情况下应该让学员进行分解练习。

5. 后摆动作幅度过大，导致上体前倾。

（五）动作要求

正确的华尔兹跳应符合以下标准：

1. 能够清楚地完成整个跳跃过程并且落冰后顺利滑出。

2. 有明显的腾空过程，而不是一迈而过。

3. 整个跳跃过程流畅稳定，自始至终保持良好姿态。

练习小贴士

1. 在最初练习该跳跃动作时，教练员不要急于让学员尝试跳跃，后外刃—前外刃的练习非常必要，要保证跳跃的准备姿势充分稳定。

2. 对于最初接触跳跃的学员，培养正确起跳节奏是极为重要的，因此教练员应该在练习过程中给予学员一定的口令指示，帮助他们建立正确的起跳节奏。

3. 教练员要正确引导学员体会起跳的发力点，华尔兹跳的起跳力度主要来源于起跳脚，同时配合浮腿的前摆。如果在起跳瞬间出现手臂或肩部过分参与用力，会削减起跳力度，对此应及时纠正。

4. 陆地模仿是练习过程中必不可少的内容，在陆地学员会更快地掌握跳跃的基本动作。

5. 当学员掌握了华尔兹跳的稳定技术动作后，教练员才可以要求学员提高跳跃的高度或远度，进一步美化空中姿势。

二、沙霍夫1周跳（1S）

沙霍夫跳由后内刃起跳，经过空中转体，以后外刃落冰。它的跳跃轨迹与步法中的节环步类似，因此也称为后内节环跳。该跳跃是瑞典选手尤瑞克·沙霍夫（Ulrich Salchow）在1909年首次完成的，并以他本人的名字命名。经过多年演变，目前沙霍夫跳的最高难度可达到4周。

（一）动作描述

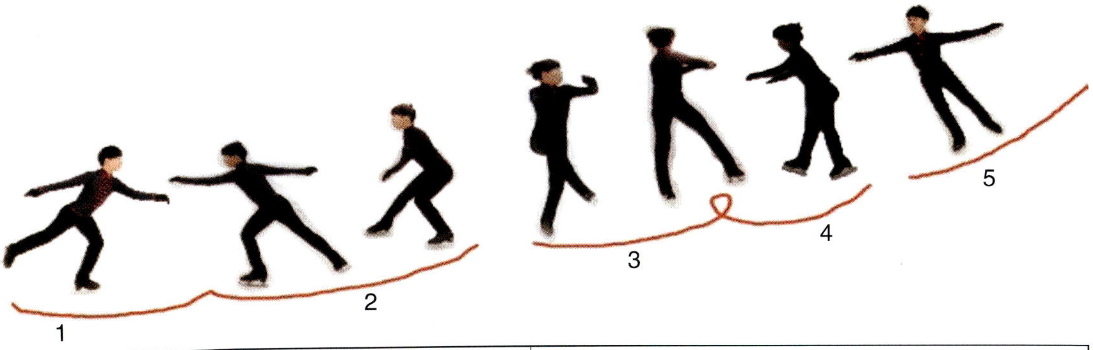

1—2 准备：由左前外3字转体进入后内刃，沿弧线滑行，滑腿微屈，浮足在后，手臂与滑足为同侧，前后自然分开。	3—5 进入起跳—空中—落冰：进入起跳阶段，后内刃弧度加深，屈膝，重心随之向弧线内转动，同时浮腿与后手由后向前移动。起跳瞬间，左脚前脚掌着力，稍用刀齿制动起跳，同时浮腿与双臂向上带起，完成空中360°转体，落冰后外刃滑出。

（二）教学步骤

1. 第一步：选择起跳进入方式

花样滑冰的跳跃是以最后的起跳用刃来区分的，因此起跳前可以用各种不同步法进入。教练员需要根据学员的技术特点和能力，合理选择后内刃之前的步法，为今后跳跃提供良好基础。沙霍夫跳目前最长见的进入方式有以下两种。

（1）前外转3字步—后内刃起跳

该动作进入，由后外弧线开始，然后接前外3字步，这是最为简单的进入方式，适合于初学者。

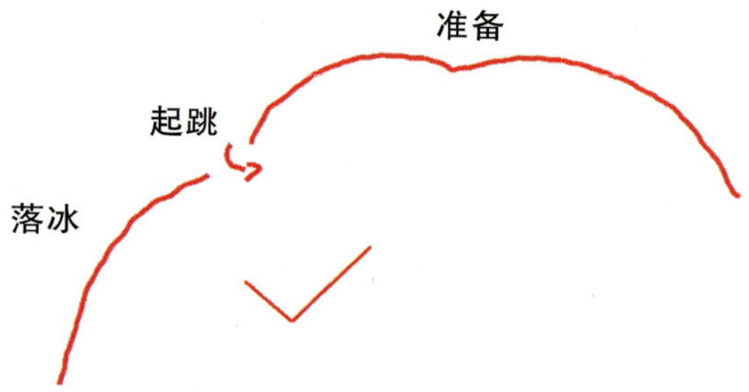

前外3字步进入滑行轨迹

（2）后外3字步—后内刃起跳

该动作进入方式是从右后外3字步开始，然后通过换足进入后内刃起跳。这需要较强的滑行能力和控制能力，适合技术成熟的选手，对于初学者来说，不建议采用这种进入方式。

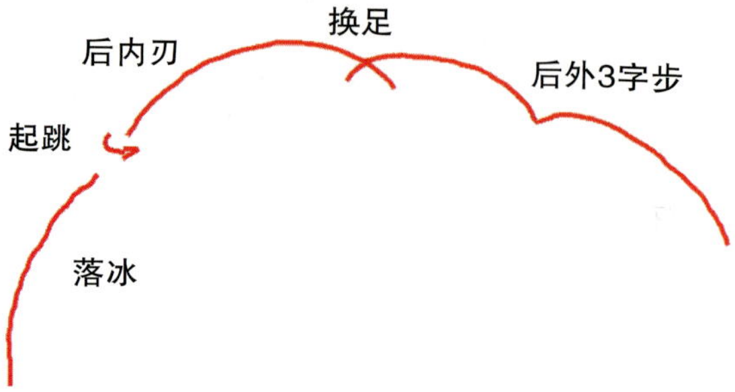

后外3字步进入滑行轨迹

2. 第二步：起跳前准备练习

当确定了合适的进入方式后，即可以开始跳跃准备的练习。首先要清楚跳跃准备阶段的动作。以前外3字步进入为例，在弧线上练习前外3字转体—后内刃控制的动作。主要体会后内刃的重心和手脚的位置，当学员能够稳定地控制了后内刃，才可以开始跳跃练习。

3 左后内刃控制　2 左前外3字转体　1 后外刃

3. 第三步：沙霍夫完整1周跳练习

同（一）动作描述。

（三）动作重点

准备阶段

1. 整个准备动作要沿弧线完成，重心始终在滑足上。
2. 3字转体的全过程，浮腿没有明显的摆动，肩髋保持平行。
3. 在转3字转体—后内刃时身体需要有良好的控制，来纠正肩、髋浮腿的位置。

前外3字转体—后内刃

起跳准备阶段手、足位置：
在进入后内刃准备阶段，双臂与双足同时沿两个弧线轨迹来进入起跳阶段
1. 左臂与滑足沿外弧线滑行。
2. 右臂与浮足垂直平行，自然控制在内弧线上。

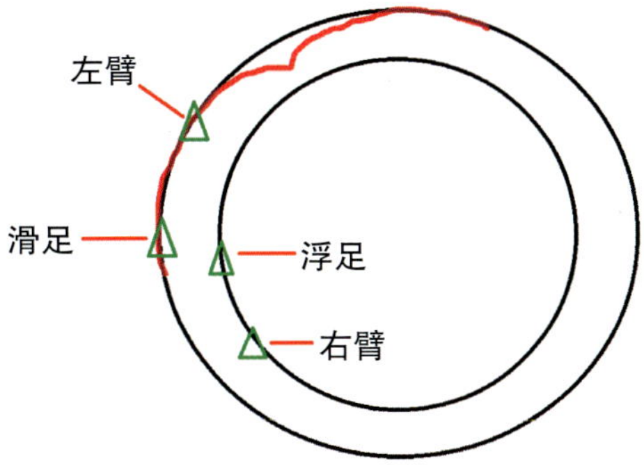

起跳阶段

1. 这时需要体会重心牢牢跟住滑足，左肩稍做控制，以免起跳前转身。
2. 起跳时应注意浮腿膝关节自然弯曲沿转体方向带腿。
3. 上体立直，靠住滑线。
4. 起跳、带腿、收手动作要协调一致。

后内刃起跳

（续表）

空中阶段 1. 对于1周沙霍夫跳而言，空中是一个将重心从起跳脚转移到落冰脚的过程。 2. 空中没有明显的收腿过程，但带腿和腾空动作要明显。	 空中姿势
落冰阶段 动作同上。	

（四）易犯错误

1. 前外3字转体弧度过深，造成转动惯力过大，出现抡转。这会破坏起跳的稳定性，影响空中的轴心。如出现这种错误，建议反复练习教学步骤1。

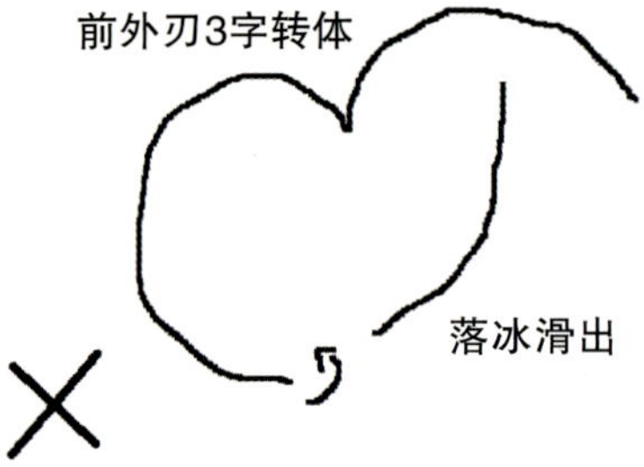

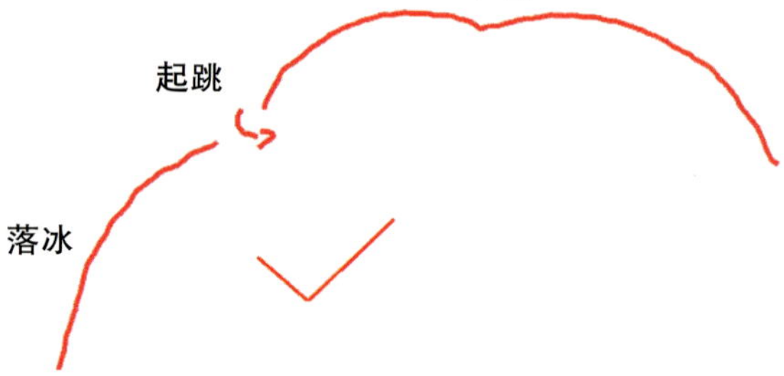

2. 起跳前先转体，造成向前起跳。跳跃出现这一错误，在比赛中会被降级。

3. 起跳前身体重心前倾过大，导致起跳时严重刀齿刮冰，破坏起跳节奏和流畅性。

4. 没有明显的起跳和腾空，只是靠带腿迈过去。

5. 落冰滑出较短，没有清晰地展示落冰姿势。

6. 没有明显的带腿动作。

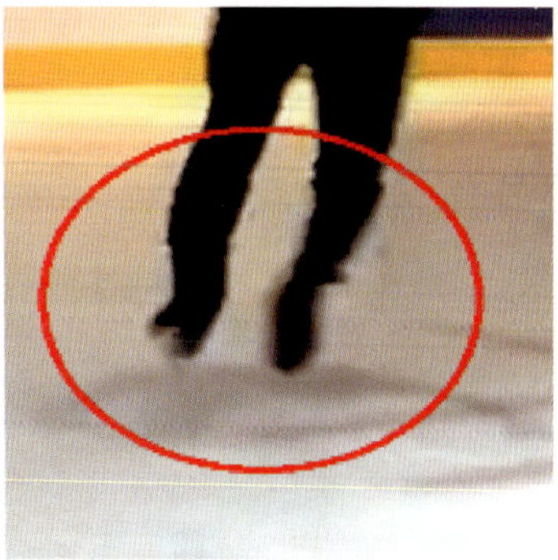

（五）动作要求

正确的沙霍夫1周跳应符合以下标准：

1. 能够清楚地完成整个跳跃过程并且落冰后顺利滑出。
2. 有明显的腾空过程，而不是一迈而过。
3. 起跳用刃正确。
4. 整个跳跃过程流畅稳定，自始至终保持良好姿态。

练习小贴士

1. 教练员应要求学员将每一个跳跃阶段的动作清楚地展现，准备—起跳—空中—落冰。根据学员的技术特点和滑行能力来选择适合的进入方式（详见教学步骤1）。

2. 沙霍夫跳属于刃起跳的跳跃，因此要求跳跃轨迹在弧线上完成。教练员应该始终组织学员在弧线上进行练习，让他们建立正确的跳跃概念。但要注意前外3字步转体的弧线深度不宜过大，否则会产生抡转，破坏后内刃的稳定性。

3. 在练习过程中教练员应该遵照循序渐进的原则，待学员已经正确掌握该跳跃的技术动作后，再进一步要求跳跃的高度和远度，以免过分用力而造成一些错误动作。

4. 后内刃准备时，肩、髋保持平行，左手与滑腿保持平行，右手与浮足保持平行。不要过分用力，破坏起跳前的平衡。

5. 起跳瞬间，滑足上蹬，浮足带腿，双手收起，三部分动作要协调一致。

三、点冰鲁普1周跳（1T）

点冰鲁普跳是利用后外刃滑行，在点冰的协助下起跳的跳跃。其跳跃轨迹为顺时针，属于3字类跳跃。由于是后外刃起跳，因此中文名称为后外点冰跳。该跳跃最早是由美国选手波鲁克·麦佩斯在1920年首次完成的，目前最高难度为4周。

（一）动作描述

1—2 准备阶段：左前内滑出，通过前外3字转体后换足，进入右后外刃，准备点冰起跳。滑腿深蹲，浮腿充分后拉，左手在前，右手在后。	3—4 起跳—空中—落冰：右脚保持后外刃，左脚以刀齿点冰，两脚配合同时起跳。起跳瞬间，双手迅速收回置于胸前，空中转体360°，身体立直，双足自然并拢。落冰，以后外刃滑出。

（二）教学步骤

1. 第一步：准备阶段练习

在进入后外刃之前，通常会采用不同的步法。教练员需要根据学员的技术特点和能力，合理选择点冰前的进入步法，这有助于下一步学习跳跃。 对于初学者，建议先采用前外3字步或莫霍克步接后外刃点冰准备姿势练习，待后外刃滑行稳定后，再进行下一步练习。

（1）从3字步（左前外或右前内）进入后外刃点冰起跳

（2）从莫霍克步进入后外刃点冰起跳

1　　3　　3

2. 第二步：跳跃转体与落冰练习

起跳转体动作要协调一致，对于能力不足的学员可以先进行半周跳练习。通常情况下，学员可以直接练习1周跳。在这个阶段不要求学员单足落冰滑出。当学员建立了正确的旋转中心后，就可以尝试单足滑出（参照（一）动作描述）。

（三）动作重点

准备阶段 1. 无论从前外3字步还是莫霍克步进入，学员最初的练习，必须要完成一个稳定的后外刃点冰准备姿势，保证起跳前的稳定性。 2. 自始至终保持后外刃。滑腿深蹲，点冰足与后手后拉，浮足脚尖向下。 3. 点冰前，肩与髋保持平行，重心在滑足上，背部收紧，防止身体过分前倾。	 后外刃准备

（续表）

<table>
<tr><td colspan="2">

起跳阶段

1. 点冰时，浮腿沿滑线向后充分伸出，踝关节收紧。
2. 点冰同时，滑足与点冰足同时发力，起跳时滑足稍向转体方向带起，完成空中转体1周。
3. 起跳节奏是决定跳跃质量的关键技术，需要点冰、起跳、手脚协调配合。
4. 在最初练习时教练员可以配合相应口令，帮助学员建立正确的起跳节奏（以3字步进入为例）。

口令1　口令2　口令3　口令4　口令5

注：根据学员的实际情况，口令2可以省略。

</td></tr>
<tr><td>

空中阶段

对于1周跳而言，手臂和双腿无需过分收紧，但双臂还需自然收拢在胸前，后背与头部立直。

</td><td>

空中姿势

</td></tr>
<tr><td>

落冰阶段

1. 落冰姿势与华尔兹跳要求相同。
2. 如果具备一定的跳跃高度，还可以体会落冰前左膝关节稍上提，然后再打开，可以增加落冰的稳定性。

</td><td>

落冰后外刃滑出

</td></tr>
</table>

（四）易犯错误

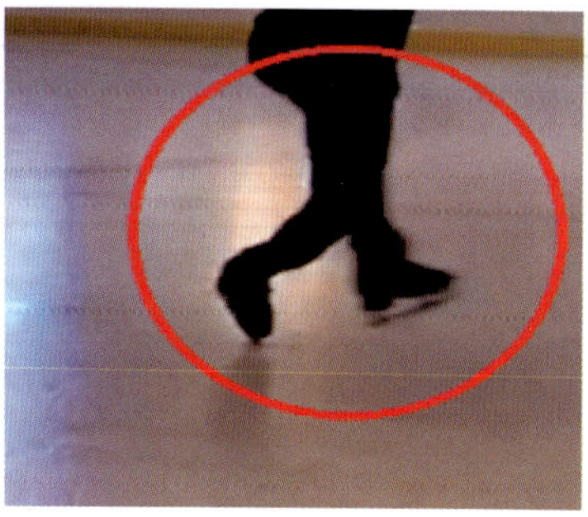

1. 点冰时间过长，造成起跳前转体（向前起跳）。在比赛中，出现这种错误该跳跃将被降级。

2. 起跳出现二次用力，该错误是指在后外刃准备点冰起跳的瞬间，滑腿再一次下蹲，或点冰足再一次摆动等，这些多余的动作都称为二次用力。它会打破起跳节奏，削弱起跳力度。

3. 点冰腿过分上扬，造成刨冰的后果。

4. 落冰滑出较短，没有清晰地展示正确的落冰姿势。

5. 点冰时，重心没有靠住后外刃，导致起跳前变刃。

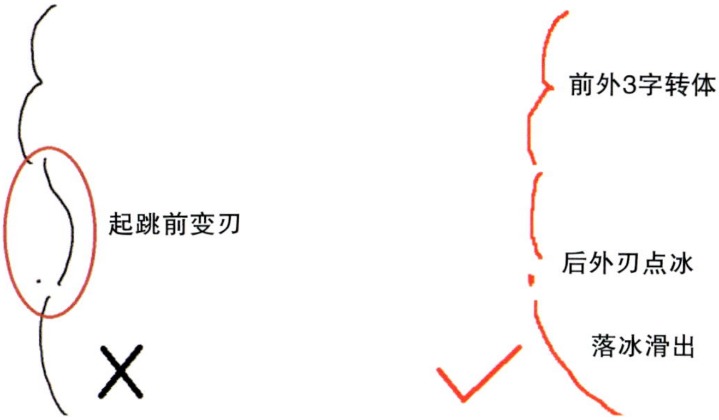

（五）动作要求

正确的点冰鲁普1周跳应符合以下标准：

1. 能够清楚地完成整个跳跃过程，包括准备、起跳、空中及落冰顺利滑出。

2. 有明显的腾空过程，而不是一迈而过。

3. 整个跳跃过程流畅稳定，自始至终保持良好姿态。

练习小贴士

1. 教练员应根据学员的技术能力来选择适合的进入方式（莫霍克步进入或3字步进入）。

2. 培养正确起跳节奏是极为重要的，教练员应该在练习过程中给予学员一定的口令指示，帮助他们建立正确的起跳节奏，见（三）动作重点。

3. 对于能力较强，并且已经掌握了良好的点冰技术的学员，可直接尝试1周跳练习，不必通过半周跳过渡。

4. 起跳前先转体，这是初学者最容易出现的问题，同时也会被很多教练员所忽视。建议先不做转体动作，只练习后外刃点冰向上跳，让学员体会正确的点冰发力动作。

5. 点冰时，点冰足的踝关节和脚趾要保持收紧，以保证点冰力度，同时避免出现损伤。

四、鲁普1周跳（1Lo）

鲁普跳是从后外刃起跳，经过空中转体，以后外刃落冰的跳跃。其跳跃轨迹与步法中的节环步类似，因此也称为后外节环跳。该跳跃是德国选手沃纳·瑞塔博格（Werner Rittberger）在1880年首次完成的。经过多年演变，目前鲁普的最高难度可达到4周。

（一）动作描述

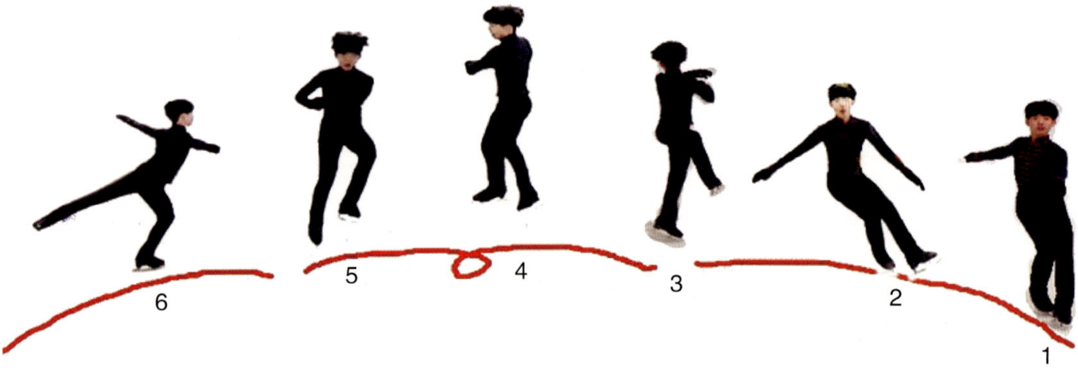

3—6 起跳—空中—落冰：起跳时，滑腿深蹲，重心随之向弧线内稍转动。起跳瞬间，滑足前脚掌着力，用刀齿制动，同时向上蹬起。浮腿与双臂向上带，完成空中转体360°。落冰以后外刃滑出。	1—2 准备：滑足以后外刃沿弧线滑行。浮足在前伴随滑行，重心在滑脚上。

（二）教学步骤

1. 第一步：选择进入方式

鲁普跳在进入后外刃之前，可采用各种不同步法进入，教练员需要根据学员的技术特点和能力，合理选择后外刃前的进入步法，这对今后学习鲁普跳跃至关重要。以下介绍几种进入方式，教练员可在实际教学中有选择地应用。

（1）从后交叉步直接进入后外刃起跳

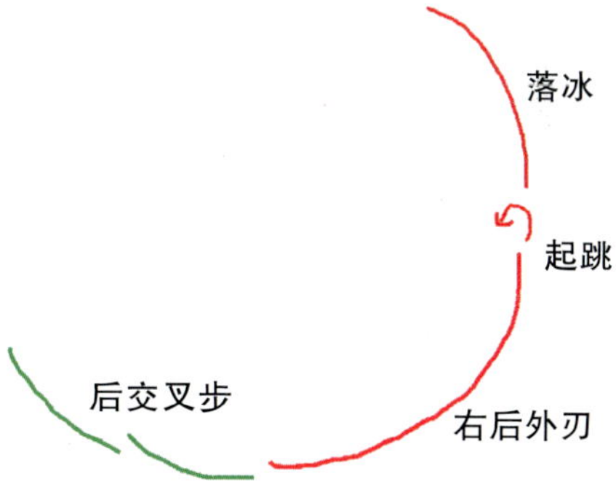

后外刃起跳滑行轨迹

（2）莫霍克步或前外3字步接右后外刃起跳

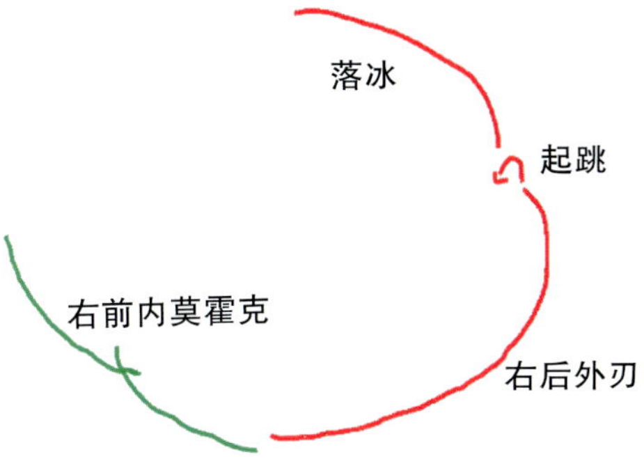

莫霍克步进入

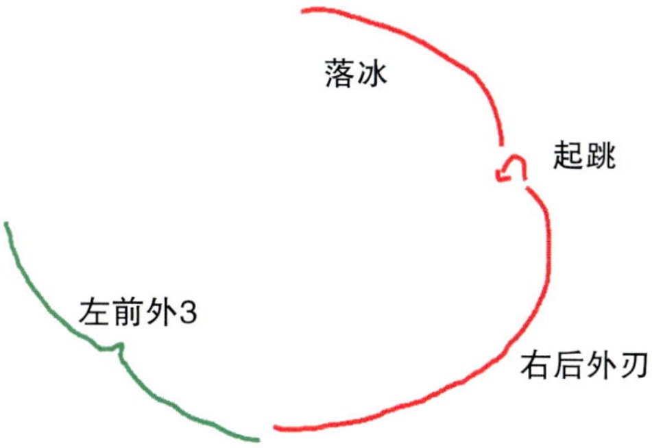

前外3字步进入

（3）后外双3字步接后外刃起跳：该动作进入需要单足完成后外刃3字转体，借助滑行和3字转体的惯力，以后外刃直接起跳。这种起跳进入，需要学员有较强的控制能力，不建议初学者采用。

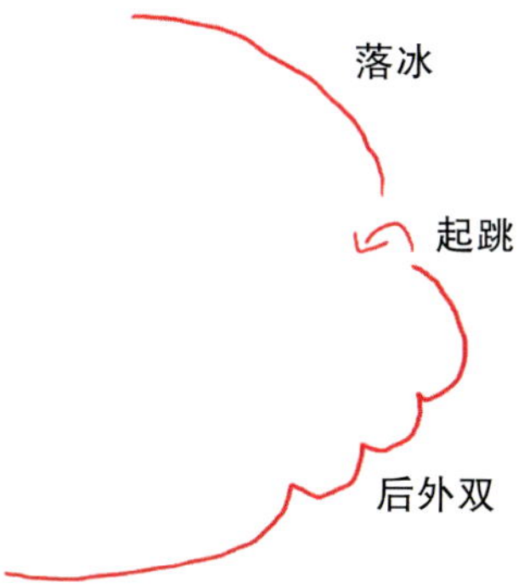

后外双3字步进入

2. 第二步：准备阶段练习

当确定了合适的进入方式后，即可以开始跳跃前的准备练习，首先要清楚跳跃准备阶段的动作。可以用后外双3字转体代替跳跃，在弧线上模拟跳跃全过程。

3. 第三步：完整1周鲁普跳练习

同（一）动作描述

（三）动作重点

准备阶段 1. 无论采用何种步法进入，进入后外刃时，都要保持非常稳固的滑行状态。 2. 重心自始至终保持在右足（起跳足），左足在此过程中放至右足前面，但并不受力，便于起跳时带腿。 3. 左臂在前，右臂在后，后背靠住滑行方向。	 后外刃准备
起跳阶段 1. 随着后外刃的深入，双足交叉幅度增大，滑足和身体都开始转动。 2. 这时需要体会重心固定在滑足上，借助贯力右足顺势起跳。 3. 起跳、带腿、收手动作要协调一致。	 起跳瞬间

（续表）

起跳阶段手、足位置 在进入后外刃起跳阶段，双臂与双足同时沿两个弧线轨迹进入起跳阶段： 1. 左臂与浮足控制内弧线上。 2. 滑足与右臂沿外弧线轨迹滑行。	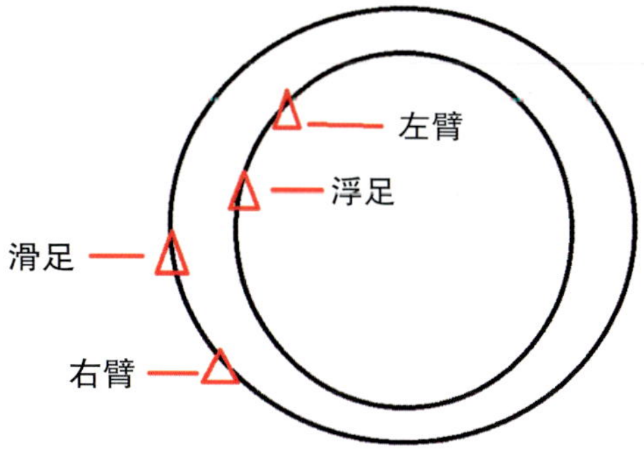
空中阶段 1. 对于1周跳而言，空中手臂和双腿无需过分收紧，但双臂还需自然收至在胸前。 2. 后背与头部立直，空中呈反直立转姿势。 3. 空中转体时，以右脚为轴心。	 空中反直立转姿势
落冰：动作同上。	

（四）易犯错误

1. 起跳前上体过分前倾，导致身体重心偏离轴心。

2. 起跳前过早转体，造成向前起跳，这一错误在比赛中会判定为降级跳跃，建议教练员在训练中应给予足够重视。

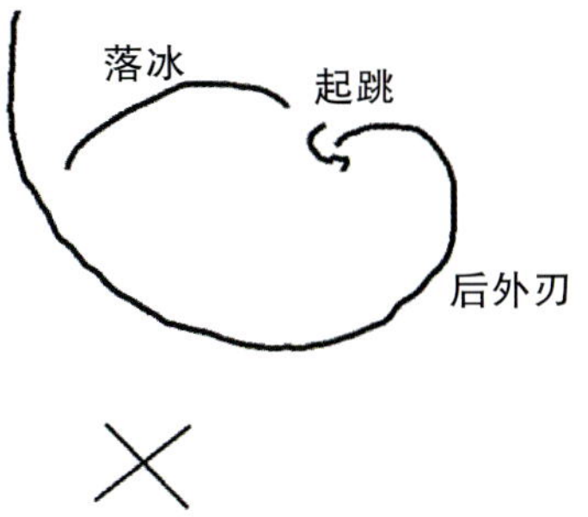

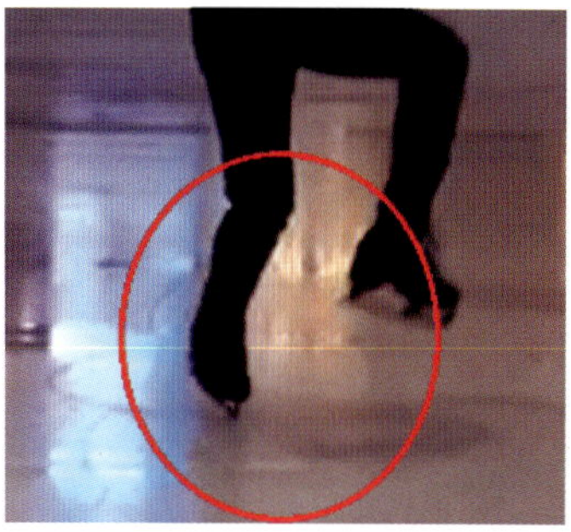

（五）动作要求

正确的鲁普1周跳应符合以下标准：

1. 能够清楚地完成整个跳跃过程并且顺利落冰滑出。
2. 有明显的腾空过程。
3. 整个跳跃过程流畅稳定，自始至终保持良好姿态。

练习小贴士

1. 根据学员的技术特点和滑行能力来选择适合的进入方式（详见教学步骤1）。

2. 鲁普跳的轴心建立是跳跃的关键，从进入—起跳—空中—落冰的全过程重心都在右足上（起跳足）。因此建议教练员重视教学步骤2的3字转体模拟跳跃练习，让学员建立正确的跳跃轴心。

3. 后外刃准备时，肩、髋保持平行，左手与浮足保持平行，右手与滑足保持平行。不要过分用力而破坏起跳前的平衡。

4. 起跳瞬间滑足上蹬、浮足带腿、双手收起，三部分动作要协调一致。

五、菲利普1周跳（1F）

菲利普跳的起跳方式采用一只脚用后内刃滑行，另一只脚点冰起跳。其跳跃轨迹属于3字类跳跃，由于该动作用后内刃起跳，因此其中文名称为后内点冰跳。根据运动员不同能力包括1周、2周、3周跳，目前最高难度可达到4周跳，这里将最基础的1周跳进行详细解析。

（一）动作描述

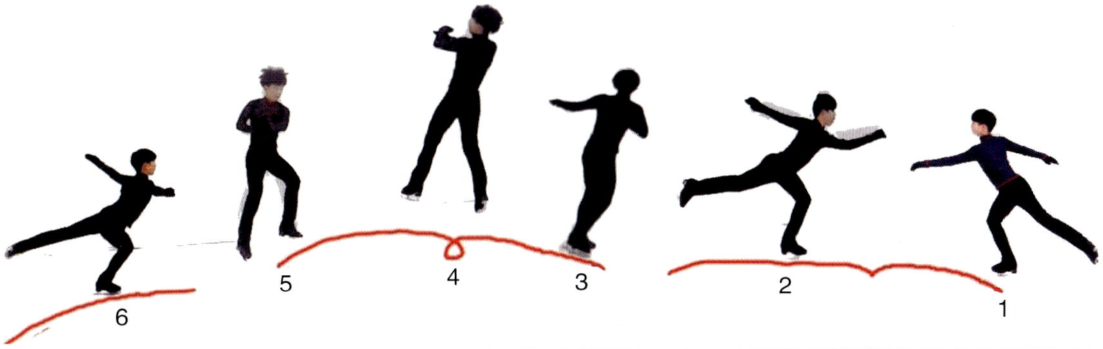

3—6 起跳—空中—落冰：左脚保持后内刃，右脚以刀齿点冰，两脚配合同时起跳。起跳瞬间，双手迅速收回至胸前，空中转体360°，身体立直，落冰后外刃滑出。	1—3 准备阶段：通过左前外3字转体，进入左后内刃，准备点冰起跳，滑腿深蹲，浮足充分后拉，左手在前，右手在后。

（二）教学步骤

1. 第一步：准备阶段练习

初次学习菲利普跳，首先要清楚跳跃准备阶段的动作。建议先进行后内刃点冰准备练习。根据学员的个人技术特点，准备阶段可以采用前外3字步和前内莫霍克步两种进入方式。其中莫霍克步是通过换足来完成转体，相对容易控制平衡，更适合初学者。

前外3字步进入

前内莫霍克步进入

2. 第二步：滑进中点冰练习

当准备阶段的滑行稳固后，则可以开始练习点冰起跳的动作，在这个阶段没有转体，主要让学员体会点冰足和起跳足协调配合、起跳节奏以及点冰的位置等。

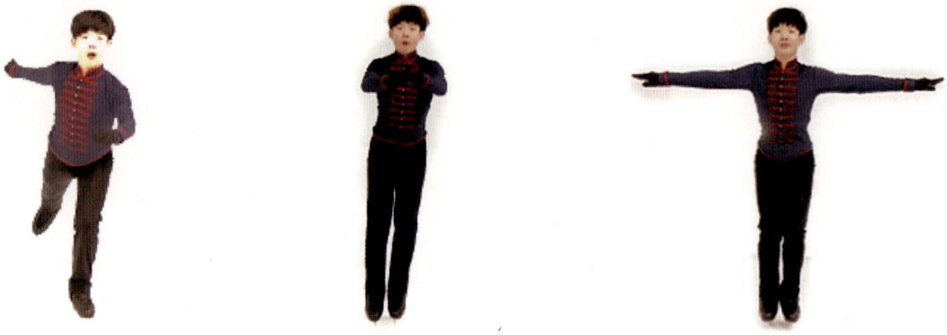

后内点冰起跳　　空中双脚并拢　　双腿屈膝落冰

1　　2　　3

3. 第三步：菲利普半周跳

由于菲利普跳是通过左脚滑行，右脚点冰的进入方式起跳，根据旋转方向（如左转）而言，该跳跃的旋转难度要大于之前的点冰鲁普跳，因此在做1周跳前可以先尝试半周跳的转体练习。对于能力较强的学员也可以直接尝试1周跳。

4　　3　　2　　1

3—4 落冰屈膝，左脚刀齿着冰，右脚放平，之后左脚蹬冰右脚前内刃弧线滑出。	1—2 后内点冰起跳，空中转体180°，向前落冰。

4. 第四步：菲利普完整1周跳练习

同（一）动作描述。

（三）动作重点

准备阶段

1. 无论从莫霍克步进入，还是3字步进入，最后进入后内刃时，都要保持非常稳固的滑行状态，自始至终保持后内刃。
2. 滑腿深蹲，点冰足与后手后拉，脚尖朝下。
3. 肩与髋保持平行，重心在滑足上，背部收紧，防止身体过分前倾。
4. 前、后手臂在同一滑线上。

后内刃准备

起跳阶段

1. 起跳节奏是决定跳跃质量的关节技术，需要点冰、起跳、收手协调配合。
2. 在最初练习时教练员可以配合相应口令，帮助学员建立正确的起跳节奏（以3字步进入为例）。

口令4

口令3

口令2

口令1

（续表）

空中阶段 1. 对于1周跳而言，手臂和双腿无需过分收紧，但双臂还需自然收至在胸前。 2. 后背与头部立直，双腿自然并拢。 3. 有能力的学员，在落冰前可以呈反直立姿势。	 落冰前呈反直立姿势
落冰：动作同上	

（四）易犯错误

1. 点冰时间过长，双足没有同时起跳，造成起跳瞬间的动作变成类似于鲁普的起跳，并且伴随起跳前转体，跳跃痕迹呈画圈状态。

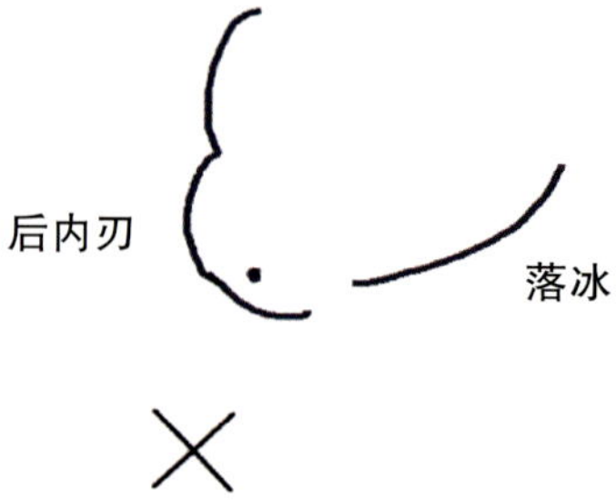

2. 起跳前变刃。该错误主要是由于起跳前的重心偏移造成的，是较为普遍的问题。在竞赛规则中对于这一错误有明确处罚要求（见跳跃相关知识）。因此教练员在训练中要特别强调起跳用刃的问题，为日后练习高难度跳跃打好基础。

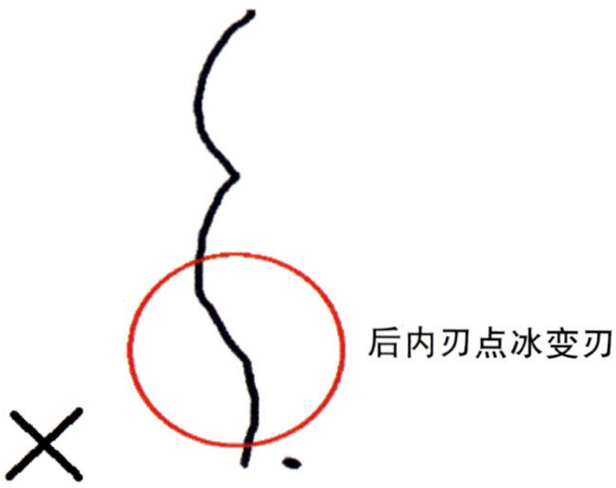

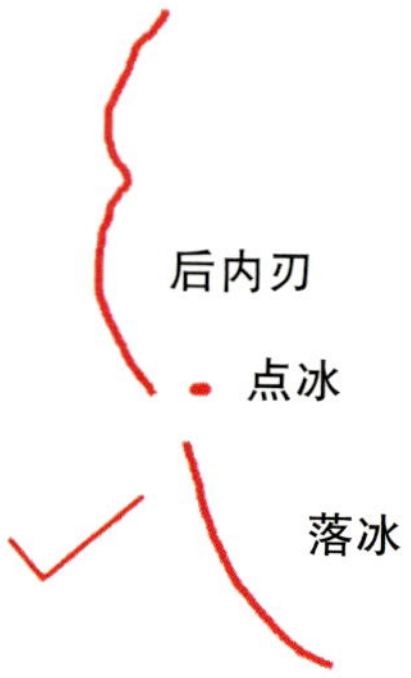

3. 起跳出现二次用力。该错误是指在准备起跳的瞬间，滑腿再一次下蹲，或点冰足再一次摆动等，这些多余的动作都称为二次用力。它会打破起跳节奏，削弱起跳力度。

4. 点冰腿过分上扬，造成刨冰的后果。

（五）动作要求

正确的菲利普1周跳应符合以下标准：

1. 能够清楚地完成整个跳跃过程，并且顺利落冰滑出。
2. 有明显的腾空过程。
3. 起跳用刃正确。
4. 整个跳跃过程流畅稳定，自始至终保持良好姿态。

练习小贴士

1. 根据学员的技术特点和滑行能力来选择适合的进入方式（莫霍克步进入或3字步进入）。

2. 对于最初接触跳跃的学员，培养正确起跳节奏是极为重要的，因此教练员应该在练习过程中给予学员一定的口令指示，帮助他们建立正确的起跳节奏（参见（三）动作重点）。

3. 对于能力较强的学员，可直接尝试1周跳练习，不必通过半周跳过渡。

4. 对于起跳错误用刃的问题，需要教练员给予足够的重视。在训练中要特别强调学员在起跳时自始至终保持后内刃，为今后练习高难度跳跃打好基础。

5. 点冰时，点冰足的踝关节和脚趾要保持收紧，以保证点冰力度，同时避免出现损伤。

六、拉兹1周跳（1Lz）

拉兹跳是从一个长后外刃滑进，通过点冰起跳，其跳跃轨迹与步法中的外勾步相同，因此该动作在中国也称勾手跳。由于该跳跃的滑进为顺时针与起跳旋转为逆时针，因此是六种跳跃中难度最高的跳跃。拉兹跳由奥地利选手阿鲁斯·拉兹在1913年的一次比赛中首次完成，目前最高难度为4周跳。

（一）动作描述

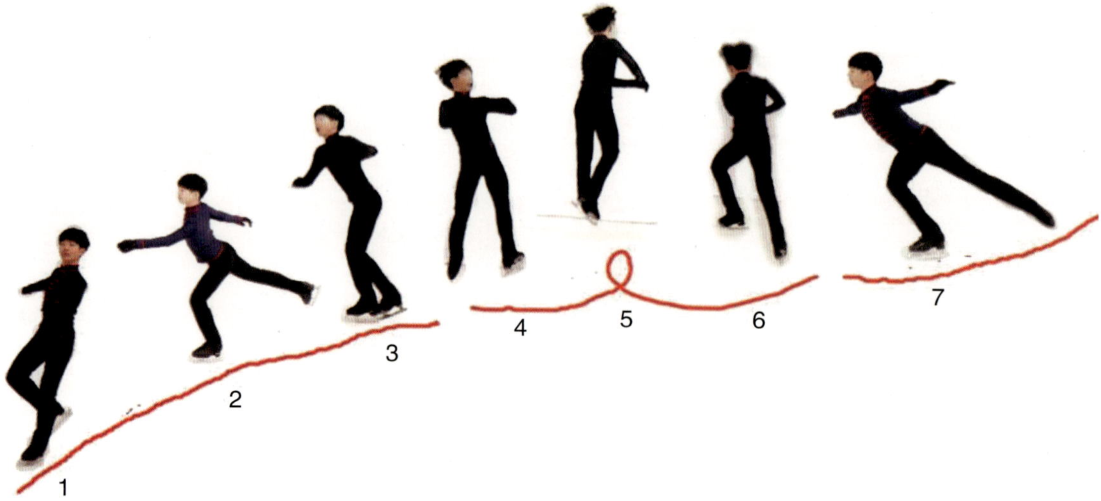

1—2 准备：左脚以后外刃滑进，准备点冰起跳。点冰前，滑腿深蹲，浮足充分后拉，左手在前，右手在后。	3—7 起跳—空中—落冰：左脚保持后外刃，右脚以刀齿点冰，两脚配合同时起跳。起跳瞬间，双手迅速收回至胸前，空中转体360°，落冰后外刃滑出。

拉兹跳跃轨迹

（二）教学步骤

1. 第一步：准备阶段练习

初次学习拉兹跳，首先要清楚跳跃准备阶段的动作。后外弧线滑行是奠定起跳稳定性的关键，因此在练习拉兹跳跃前，要让学员在弧线上反复练习后外滑行—点冰准备。

2. 第二步：滑进中点冰练习

当准备阶段的滑行稳固后，可以开始练习点冰起跳的动作，在这个阶段没有转体，主要让学员体会点冰脚和起跳脚协调配合、起跳节奏以及点冰的位置等。

后外刃点冰起跳

1

空中双脚并拢

2

双腿屈膝落冰

3

3. 第三步：拉兹半周跳

由于拉兹跳的进入与转体方向呈反向，跳跃难度较大，因此建议学员先尝试半周跳的练习。对于能力较强的学员也可以直接尝试1周跳。

1

2

3

4

1—2 后外刃点冰起跳，空中转体180°，向前落冰。	3—4 落冰屈膝，左脚刀齿着冰，右脚放平，之后左脚蹬冰右脚前内刃弧线滑出。

4. 第四步：完整拉兹1周跳练习

同（一）动作描述。

（三）动作重点

准备阶段

1. 后外刃滑行阶段，要保持非常稳固的滑行状态，自始至终沿弧线保持后外刃，其滑行长度可根据学员的能力而定。
2. 最初进入后外刃时，左臂在前，右臂在侧后方，浮足靠近滑足，身体靠住外刃。
3. 当弧线稳固后，滑腿深蹲，点冰脚向后延伸，与滑足在同一滑线上，脚尖朝下。
4. 双臂前后拉开，肩与髋保持平行，重心靠住外刃。
5. 前、后手臂在同一滑线上。

起跳阶段

1. 起跳瞬间，重心顺势后移，点冰与起跳协调配合起跳。

2. 点冰时踝关节收紧，点冰足位置应与滑足保持在同一滑线上，过于靠滑线内侧，容易造成起跳前变刃。

（续表）

3. 起跳节奏是决定跳跃质量的关键技术，需要点冰、起跳、收手协调配合。最初练习时教练员可以配合相应口令，帮助学员建立正确的起跳节奏。

口令1

口令2

口令3

口令4

注：口令1可根据实际情况适当延长。

空中阶段

1. 对于1周跳而言，手臂和双腿无需过分收紧，但双臂还需自然收至在胸前。
2. 后背与头部立直，左腿向后上方带出，以增加腾空的高度和远度。

落冰瞬间呈反直立姿势

落冰阶段

落冰瞬间，浮腿应在落冰脚前方稍向上提起，以保证落冰后高质量滑出。

（四）易犯错误

1. 起跳前转体。在未起跳前，重心以点冰足为轴，在原地先开始转体。造成起跳瞬间的动作变成类似于鲁普的起跳，跳跃轨迹呈画圈形状。

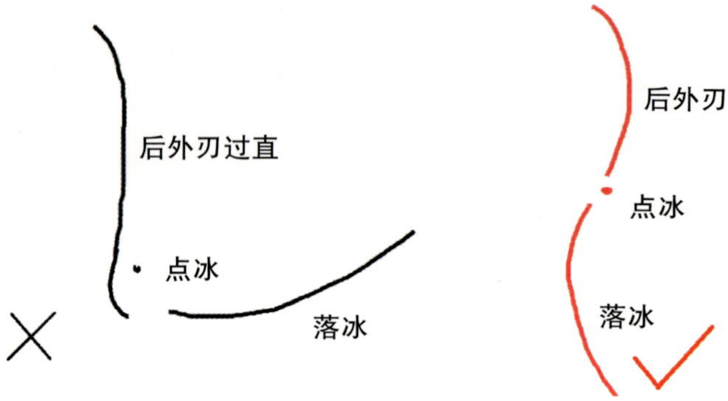

2. 起跳用刃错误。起跳前滑足由后外刃变成后内刃。该错误主要是由于起跳前进转过早，点冰位置偏离滑线，造成跳跃路线改变，重心偏移，这是拉兹跳跃最容易出现的问题。

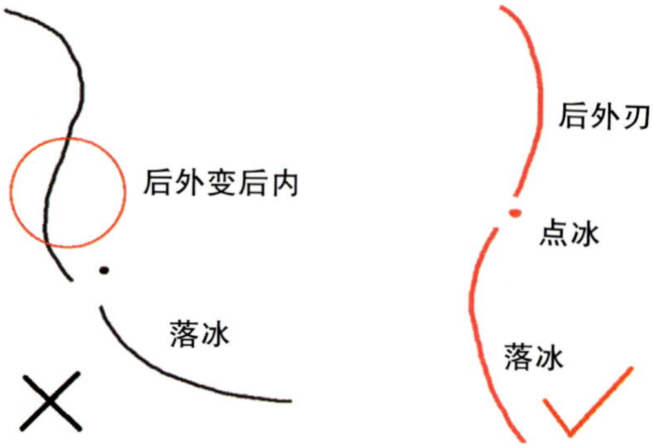

3. 起跳二次用力。该错误是指在后外刃准备点冰起跳的瞬间，滑腿再一次下蹲，或点冰脚再一次摆动等，这些多余的动作都称为二次用力。它会打破起跳节奏，削弱起跳力度。

4. 点冰腿过分上扬，造成刨冰的后果。

（五）动作要求

正确的拉兹1周跳应符合以下标准：

1. 能够清楚地完成整个跳跃过程，并且顺利落冰滑出。
2. 有明显地腾空过程。
3. 起跳用刃正确。
4. 整个跳跃过程流畅稳定，自始至终保持良好姿态。

练习小贴士

1. 拉兹跳难度较大，在练习之前应充分练习起跳前的准备阶段，见（二）教学步骤1。
2. 对于最初接触跳跃的学员，培养其正确起跳节奏是极为重要的，因此教练员应该在练习过程中给予学员一定的口令指示，帮助他们建立正确的起跳节奏，见（三）动作重点。
3. 对于能力较强的学员，可直接尝试1周跳练习，不必通过半周跳过渡。
4. 拉兹跳与菲利普跳起跳动作相近，要严格区别两种跳跃的起跳用刃。为今后练习高难度跳跃打好基础。
5. 点冰时，点冰足的踝关节和脚趾要保持收紧，以保证点冰力度，同时避免出现损伤。

第二节 跳跃提高

一、1周阿克塞尔跳（1A）

阿克塞尔跳是在华尔兹跳的基础上演变而成的跳跃，由于它是向前起跳，向后落冰，空中需要再加半周的转体，实际的转体周数为1周半。阿克塞尔跳是由挪威选手阿克塞尔·鲍尔森在1882年首次完成并以他本人的名字命名的。目前最高难度为3周阿克塞尔跳。

（一）动作描述

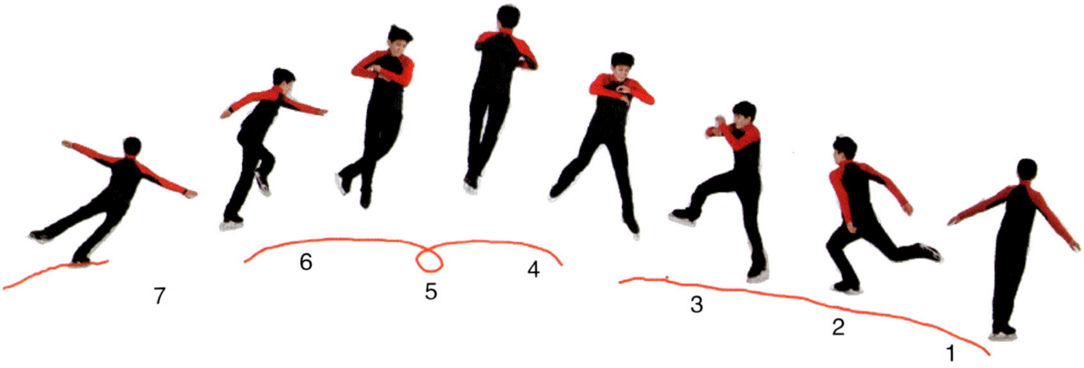

1—2 准备：从右后外刃—左前外刃准备起跳，动作同华尔兹跳。
3 起跳：起跳时，滑足冰刀制动起跳，同时浮足与双臂由后向旋转方向带起。
4—6 空中：双手胸前收紧，双腿收紧呈反直立姿势，完成空中转体1周半。
7 落冰：双臂打开，落冰腿弯曲缓冲，以外刃滑出，同时浮腿迅速打开伸至滑腿后方。

（二）教学步骤

1. 步骤一：原地带腿练习

在练习1周阿克塞尔跳跃之前，学员要掌握正确的带腿动作，教练员可以让学员在原地练习后摆和带腿动作，主要体会带腿时的手脚协调配合，以及带腿方向等。可手扶板墙练习，之后连接一个原地转体，模拟空中转体动作。

2. 步骤二：行进间带腿练习

该动作可以从原地起，也可以在较慢速度下进行。从前外刃后摆开始，模拟带腿动作，脚下完成一个小幅度华尔兹跳。当重心由起跳足移到落冰足时，落冰足立即呈后外捻转步或原地反直立转，之后以后外刃滑出。这一练习是将空中姿势在冰面上进行模拟，主要是体会空中的转体轴心。

3. 步骤三：完整1周阿克塞尔跳练习

同（一）动作描述。

（三）动作重点

准备阶段 1. 准备阶段与华尔兹跳相同，但需要更加稳定。 2. 前外刃滑出时重心要完全在滑足上，充分屈膝下蹲。 3. 浮腿和手臂充分后摆，适当将左肩控制在稍前，避免出现起跳前转体。	 前外刃滑出
起跳阶段 1. 1周阿克塞尔起跳时特别要注意重心跟上起跳足，起跳由刀齿制动。 2. 浮腿屈膝向旋转方向带起，手臂收紧，进入旋转动作。 3. 起跳、带腿提髋、收手动作要协调一致。这是决定跳跃质量的关键。	 起跳瞬间
空中阶段 1. 空中转体1周半，需要跳起后迅速进转，重心以右脚为轴。 2. 双手收至胸前，双腿前后并拢呈反直立转姿势。 3. 与1周跳相比，身体状态需要更加收紧。	 空中姿势
落冰阶段 1. 该跳跃难度大于之前的1周跳，学员需要经过多次反复练习，才可以完成落冰动作。 2. 当完成了1周半转体时，打手和打腿动作是落冰的关键，落冰瞬间浮腿需稍有控制，并迅速打开伸出。这时的手脚配合需要一致并利落。 3. 落冰腿弯曲缓冲。	 落冰滑出

（四）易犯错误

1. 在最初练习时，学员会有一定的恐惧心理，容易出现在空中收腹、没有轴心的问题。建议多在陆地进行模仿跳练习，建立正确的空中转体感觉。

2. 过早收手、收腿，进入旋转没有明显的带腿动作，这会导致跳跃丧失腾空过程，同时也会偏离转体轴心。

3. 浮腿带腿方式错误，浮腿远离滑腿画圈带起，这会导致起跳出现抡转，无法控制起跳的重心。

（五）动作要求

正确的1周阿克塞尔跳应符合以下标准：

1. 能够清楚地完成整个跳跃过程并且顺利落冰滑出。
2. 有明显的腾空过程，周数完整。
3. 整个跳跃过程流畅稳定，自始至终保持良好姿态。

练习小贴士

1. 1周阿克塞尔跳是从1周跳向2周跳过渡的关键跳跃动作，需要学员良好地掌握了各种1周跳，并具备一定的滑行技术和身体机能才可以进行该跳跃练习。

2. 在开始练习1周阿克塞尔时，教练员不要急于让学员尝试跳跃，注重跳跃前的准备练习，可以帮助学员建立正确的跳跃概念。

3. 由于1周阿克塞尔具有一定的难度，在练习过程中如果反复出现严重跌倒，教练员应该根据实际情况及时调整练习次数，改变练习内容，以免出现错误定型。

4. 初步尝试跳跃，要强调起跳动作手脚协调配合，建立正确的起跳节奏，在初学阶段，不要求跳跃的高度和远度，当所有阶段动作已熟练掌握，教练员再要求学员加大跳跃幅度，美化空中姿态。

5. 在冰上练习前，需要先做陆地模仿。在陆地建立空中转体感觉，增加学员冰上练习的信心。

二、2周跳跃

随着花样滑冰技术的不断提高和突破，各种跳跃的最高难度都已达到4周跳水平，这需要经过多年的专业训练和个人天赋才可达到。但对于2周跳而言，学员如果从小练习，经过4~5年的系统训练，是完全可以达到的。由于2周跳的准备、起跳和落冰技术与1周跳相同，我们在这部分内容中将简单描述5种2周跳的起跳和空中姿势，并只针对2周跳的训练原则做相应解释。

（一）各种2周跳—起跳动作

2周跳的起跳与1周跳动作相同，由于需要完成空中转体2周，起跳动作需要更加充分和稳定。起跳时的四肢配合协调一致，掌握好起跳节奏。切忌不要过分用力或急于旋转，这会使起跳动作变形，导致空中的旋转轴心被破坏。

沙霍夫起跳　点冰鲁普跳　鲁普跳　菲利普跳　拉兹跳

（二）各种2周跳空中与落冰

2周跳需要一定的腾空高度，以保证转体时间。相对于1周跳，完成2周跳时进转速度要比1周跳快。进入空中转体时，身体迅速呈反直立转姿势，四肢收紧。落冰时浮足迅速打开，膝关节弯曲缓冲，以后外刃滑出。

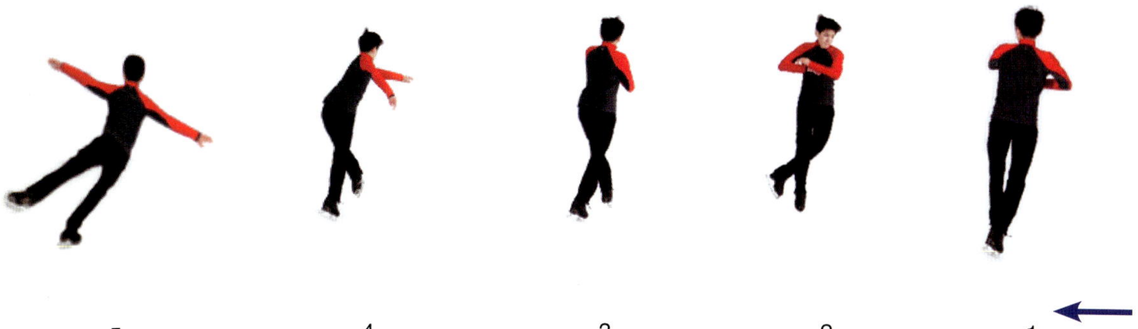

5　4　3　2　1

（三）练习2周跳所需要的能力

1. 需要具备良好的1周跳基础

1周跳是基础，学员必须有能力高质量地完成所有1周跳技术后，才可以尝试2周跳动作。2周跳需要具备良好的起跳力度和跳跃高度，以提供2周跳所需的空中转体时间。

2. 需要一定的身体机能

当进入2周跳训练时，教练员需要对学员增加一些陆地身体训练内容，主要在协调、控制以及力量等身体素质方面给予加强。确保在跳跃时所需要的肌肉能力。

3. 需要良好的滑行技术能力

滑行技术对跳跃的重要性经常被教练员所忽视，滑行是一切技术的基础，良好的平衡、用刃以及膝关节韵律都是跳跃稳定性的基础保障。因此教练员在进行跳跃提高训练的同时，也需要同时增加滑行训练的内容。

（四）2周跳的训练

1. 陆地模仿

在冰上2周跳训练前，需要让学员进行陆地模仿跳练习，包括原地空转和模仿各类跳跃的起跳方式完成行进间2周跳练习，以此建立空中感觉，为冰上练习奠定基础。

2. 冰上练习

各类跳跃由于起跳方式的不同，在完成时的难度也有所不同。教练员需要清楚各跳跃的难度水平，由易到难将各个2周跳逐一进行练习。对于初期练习2周跳的学员，通常建议不要同时练习两种以上的2周跳，容易顾此失彼。以下是根据广大教练员的多年实践经验和比赛规则将各类跳跃的难度进行排序，教练员可以在实际训练中进行参考。

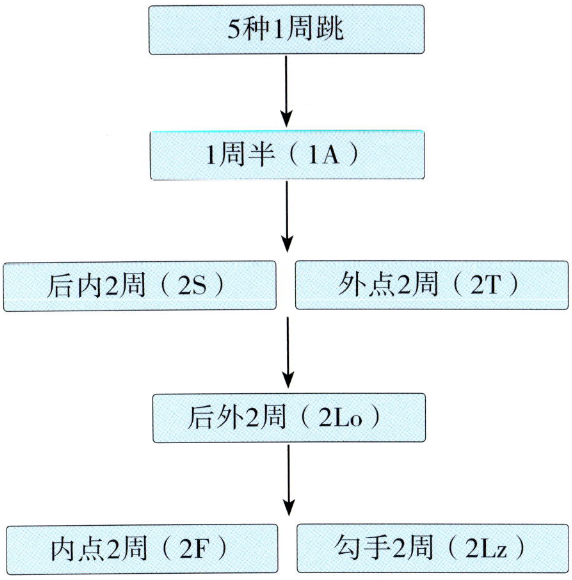

3. 训练中的保护

（1）2周跳练习中难免出现跌倒，如果有必要，可以让学员穿戴一些专业的护具。但注意要贴身、轻便且不宜过多，也不宜使用太久，避免让学员产生依赖。

（2）由于2周跳具有一定的难度，在练习中如果反复出现严重跌倒情况，教练员应及时调整练习内容，以免出现错误定型。

第三节　跳跃技术的相关知识

跳跃技术动作是花样滑冰训练中难度最大的部分，也是衡量技术难度水平的重要标准。对于指导初、中级学员的教练员来说，正确指导运动员完成各种1周跳跃至关重要，这是奠定运动员未来技术提高的基础，因此教练员自身要非常重视基础跳跃训练，不仅要了解如何完成跳跃，还要注意每个技术环节练习细节。以下总结一些跳跃训练中需要注意的问题和比赛规则对跳跃动作的相应要求。

一、初、中级学员练习跳跃动作应注意的问题

（一）良好的滑行技术是跳跃的基础

花样滑冰的跳跃不是独立的技术，它必须依靠稳定的滑行来保证跳跃质量。特别是初级水平学员，在没有具备稳定的滑行能力前，不应该盲目开始练习跳跃。这很可能因无法控制身体重心，而导致整体跳跃过程含糊不清，跳跃质量差。

（二）建立正确、清晰的各个跳跃技术环节

对于初学者来说，需要建立所有基础跳跃的正确技术概念。跳跃共分四个阶段：准备阶段、起跳阶段、空中阶段、落冰阶段。各个技术阶段一环扣一环，某个技术环节出了问题都会影响整体跳跃的质量。其中准备阶段往往被很多教练员所忽视，直接进入跳跃阶段的练习，对初学者来说，缺乏充分跳跃前准备是无法完成高质量的起跳的。以下为各技术阶段的重点提示：

1. 准备阶段——正确、稳定、充分，为起跳阶段奠定基础。
2. 起跳阶段——控制、节奏、协调配合，为空中阶段奠定基础。
3. 空中阶段——姿势、轴心、为落冰奠定基础。
4. 落冰阶段——打腿、缓冲、控制、标志着跳跃动作的完成。

（三）步法连跳不适合于初级学员

目前在初级学员的节目中，教练员为了增加节目的编排水准，经常会在跳跃前编排一些步法。这种做法对中级以上的学员来说是锦上添花，但对于初学者来说，他们的跳跃技术尚未成熟，用步法来代替准备阶段，会使学员混淆起跳动作的正确概念而影响跳跃质量。

（四）配合陆地训练

所有跳跃都可以在陆地进行模拟练习，我们称之为模仿跳。在练习模仿跳时，可以采用原地空转来练习收手和转体；还可以采用行进间助跑式，模拟各类跳跃的起跳动作进行练习。但在陆地练习时，应注意避免在坚硬的地面上练习，以免造成学员的关节损伤。

二、规则对跳跃技术的相关要求

（一）连跳和连续跳动作的区别

连跳：是由两个或最多三个跳跃组成的，每个跳之间没有换足，第一个跳跃的落冰足即是第二个跳跃的起跳足。分值计算为每个跳跃分值相加的总和。

连续跳：是由两个或多个跳跃组成的（数量没有限制），每个跳跃之间要求用小跳来连接，不允许包括转体步、蹬冰等动作。分值计算为每个跳跃分值相加的总和乘以0.8。

（二）比赛成绩单中个别符号

目前的规则对所有动作的完成情况都做了详细规定，在每个运动员的成绩小分表中，跳跃后面经常会出现一些小符号，具体表示如下。

1. “e”指起跳错误用刃，只限于菲利普跳和拉兹跳。

2. “！”指起跳用刃不清楚，只限于菲利普跳和拉兹跳。

3. “＜”指某个跳跃周数不足，程度为大于90°、小于180°。该跳跃只能获得基础分值的70%。

4. “＜＜”指某个跳跃被降级，周数不足程度为大于/等于180°。该跳跃要在原计划周数基础上降1周。3周降为2周。

5. “*”指某些跳跃出现在节目的后半程，相对增加了完成的难度，因此这些跳跃，会在原有基础分值基础上乘以1.5。

（三）跳跃动作的英文缩写

中文	英文	英文缩写
华尔兹跳	Waltz Jump	W
沙霍夫跳	Salchow Jump	S
点冰鲁普跳	Toe-Loop Jump	T
鲁普跳	Loop Jump	Lo
菲利普跳	Flip Jump	F
拉兹跳	Lutz Jump	Lz

第四章　旋转

旋转动作是花样滑冰项目的重要技术组成部分之一，并且与各种舞姿结合，可给整套表演增添光彩和艺术感染力。旋转动作分为直立、蹲踞、燕式3种基本姿势，在这3种基本姿势下，又包括双足、单足、换足、联合及跳接5大类旋转形式。旋转技术是由准备、进转、旋转和结束4个环节组成。

第一节　基础旋转

一、双足直立转

双足转是以直立姿势，用双足完成的旋转动作。它是初学者学习旋转技术的启蒙，学员通过练习该动作初步体会旋转轴心和重心位置。

（一）动作描述

1　　2　　3　　4

1 准备：后内刃单足沿弧线滑进，身体外转与滑足呈反作用力。	2 进转：滑足以后内刃蹬冰，左脚滑出深度前外刃弧线。浮腿伸直在后，左臂在前。	3 旋转：前外刃滑进弧度最大限度时，滑足迅速由前外刃变为后内刃，自然形成旋转，同时浮足由后画圈带到滑足旁，形成双足旋转。上体直立，双臂胸前合拢。	4 滑出：当旋转结束时，以后外刃滑出。

（二）教学步骤

1. 原地双足起转

在最初练习时，教练员可以先让学员在原地进行双足转练习，主要体会旋转轴心。两脚前后错开，左臂前伸，右臂后拉。之后双足迅速收回，同时双臂向旋转方向收拢，形成旋转动力。

1

2

2. 规尺起转

当学员初步体会了旋转感觉后，就可以在原地采用前内规尺的方式进入旋转，这样可以增加旋转的力度。左脚刀齿点冰，右脚用前内沿圆弧蹬冰，之后迅速收回呈双足转。

1

2

3

3. 双足进转

在学员基本掌握原地双足转后，就可以开始学习完整的双足转动作。即准备—进转—旋转—滑出。但对于能力较弱的学员，我们建议可以采用双足进转的方式，让其初步了解进转的滑行轨迹。

1　　2　　3　　4

1—2 从后内刃接双足沿弧线滑进，以左前外+右前内滑进，滑行轨迹尽量向圆心滑进。	3—4 当滑行弧度进入最大限度时，双足分开呈规尺，之后右脚沿滑行轨迹迅速收回到滑足旁，形成双足转。

4. 正规单足进转

请参阅（一）动作描述。

以上介绍的4种进转方式，由易到难。教练员可以根据学员的实际能力和个体差异，有选择性的进行教学。

（三）动作重点

1. 滑线：进转的弧线用刃类似于前外3字步。进转时的前外线弧度要深，3字转体后立即进入旋转。	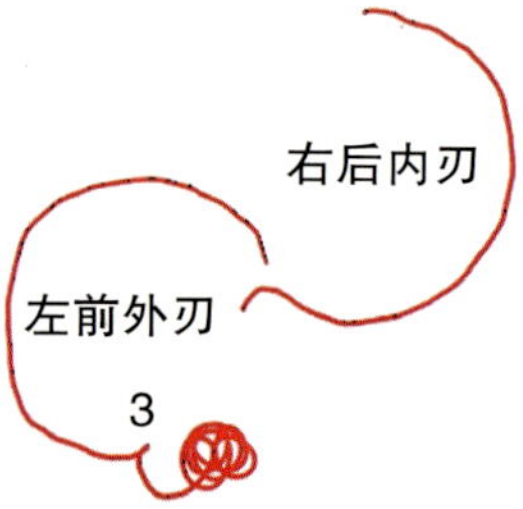 从后内刃出前外刃时，两个弧线的角度要小，弧度尽量深，这有助于产生旋转力度。
2. 旋转轴心：虽然是双足旋转，但在旋转时还要以进转足为轴心。重心始终要保持在左足。肩和髋保持平行，后背立直，双手体前相握。	

（续表）

3. 旋转脚型：左足为主力旋转轴心，前脚掌稍受力。右足为辅助旋转，用冰刀的后半部，包围左足旋转，双足脚尖稍内扣。	 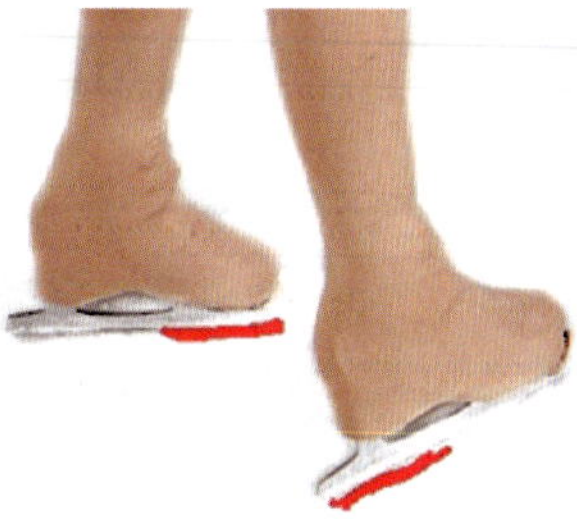

（四）易犯错误

1. 由于进转前，前外刃弧线没有滑到位，后内—前外换足时角度过大，导致旋转不能控制在一个轴心。

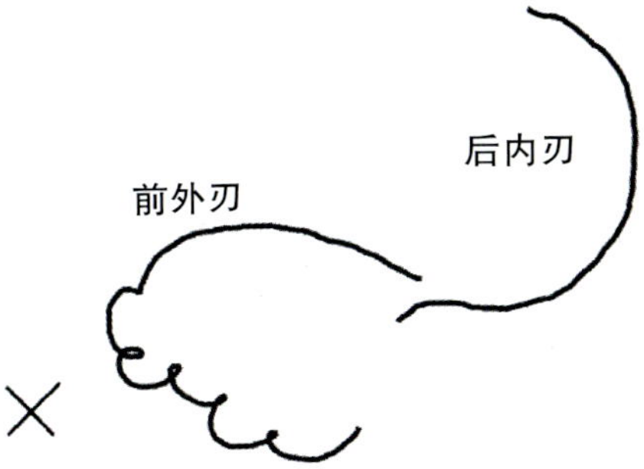

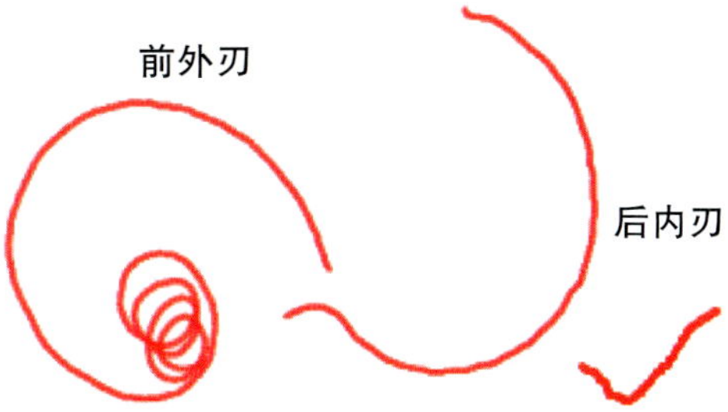

2. 脚型不正确，导致旋转重心不稳定。

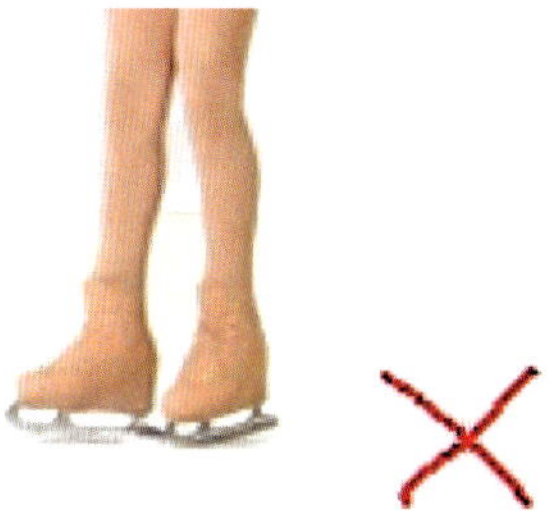

3. 肩、髋没有保持平行。

4. 后内刃—前外刃进入旋转的弧线过短，导致进转动作不充分。

（五）动作要求

正确的双足直立转应符合以下标准：

1. 旋转至少达到6圈，有明显的旋转力度。
2. 整个进转过程完整流畅。
3. 能够良好地控制旋转轴心，旋转轨迹没有出现明显的移动。
4. 自始至终上体立直，收手过程明显。

练习小贴士

1. 由于双足转是所有旋转的入门技术，因此教练员必须让学员正确掌握旋转轴心和完整的进转轨迹，为日后学习其他旋转做好准备。

2. 初学时不必过早追求旋转速度和周数，待能够控制旋转重心时，再适当加速。

3. 旋转技术较稳定后，可逐步加大进转时的力度，有效提高旋转速度。

4. 在教学步骤中，介绍的4种进转方式，由易到难。教练员可以根据学员的实际能力和个体差异，有选择性的进行教学。

二、单足直立转

单足直立旋转是3种基本旋转姿势中最简单的一种。在完成过程中要求旋转腿始终站直，在实际应用中上体姿势可以有很多种变化，如躬身转和提刀转都属于直立转。在这里我们针对初级学员，只对最基本直立转姿势进行描述。根据学员的能力不同，在完成直立转时，可以采用收腿转和插足转两种方式。

（一）动作描述

1. 单足直立转（收腿式）

1　　2　　3　　4

1 准备阶段：同双足转。	2 进转：在刚进入旋转时，浮腿由后画圈摆到滑腿的侧前方，双臂体侧展开，保持旋转平衡。	3 旋转：在旋转过程中，浮腿提膝向旋转腿靠拢，同时双臂收回到体前，缩小转动半径，整个过程后背立直。	4 滑出：当旋转结束时，以后外刃滑出。

2. 单足直立转（插足转）

1 2 3 4 5

1 准备阶段和进转：同收腿式	2—4 旋转：待旋转轴心稳定后，浮腿提膝，脚尖外展，屈膝收回置旋转腿膝关节以上。之后浮足贴近滑腿，在滑腿前交叉下压，同时双臂胸前收紧，缩小转动半径，提高旋转速度。	5 滑出：当旋转结束时，以后外刃滑出。

（二）教学步骤

1. 在初期练习单足转时，要让学员牢固掌握收腿前的准备姿势，在此阶段建立良好的旋转轴心后，再进行下一步的收腿练习。

2. 待旋转轴心稳定后，可以尝试收腿转练习。

3. 对于初学者来说，插足转是直立转的提高练习，其收腿方式和旋转力度都具有一定难度，需要学员较好地完成了以上两项练习后，才可以练习插足转。当然，对于能力较强的学员，教练员也可酌情处理。

（三）动作重点

1. 进转后的过渡姿势 进转后不能马上收手、收腿。用该动作稳固旋转轴心。肩、髋要保持平行，手心朝下。浮腿与双臂抬起在侧前45° 的位置上。右手与浮腿上下保持垂直，这是保证旋转稳定性的最佳位置。	
2. 收手 双臂在收手的过程中，应该体会与旋转的对抗力。首先手臂微屈双手体前相握，然后屈肘双手向胸前收回，最后肘关节下压，使旋转半径缩小到最小，最大限度提高旋转速度。	

（续表）

3. 收腿 收腿转，膝关节朝前，提膝屈膝，浮足收回到旋转腿的膝关节内侧位置。 插足转，膝关节外展（前方45度），提膝屈膝，浮足收回到旋转腿的膝关节前部靠上的位置。	
4. 旋转轴心 在整个旋转过程中，轴心始终在左脚，冰刀立直，前脚掌着力，用冰刀前半部旋转。	

（四）易犯错误

1. 由于进转前外刃弧线没有滑到位，后内—前外换足时角度过大，导致旋转轨被移动。

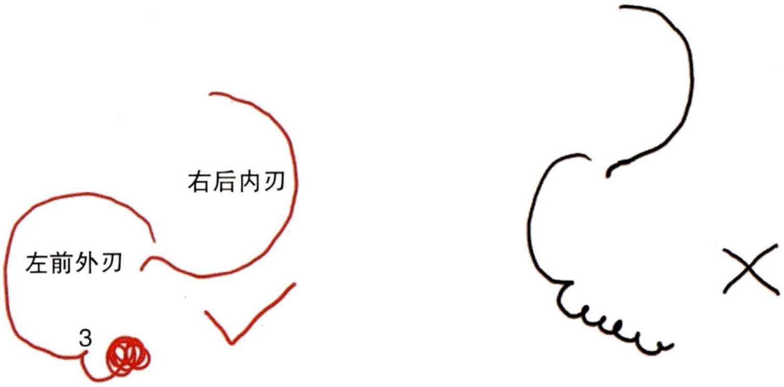

2. 初学者最初由于恐惧心理，在进转后容易出现收髋，支撑腿弯曲的错误动作。这会导致丧失旋转轴心。建议反复进行教学步骤1的练习。

3. 进入旋转时双臂和浮足位置过于展开，不利于稳固旋转轴心。

4. 收手时，肘关节过早收回，收手过程没有与旋转形成对抗力，导致削弱了整个旋转的力度。

5. 肩、髋没有保持平行。

（五）动作要求

正确的单足直立转应符合以下标准：

1. 旋转至少达到6圈，有明显的旋转力度。
2. 整个进转过程完整流畅。
3. 能够良好地控制旋转轴心，旋转在同一个轴心上完成。
4. 自始至终滑腿和上体立直，收手和收足（插足）过程明显。

三、单足反直立转

反直立转是在正直立转的基础上演变而成的，旋转姿势和旋转方向与直立转相同，但是用另一只脚完成。正直立转是由前外刃进入旋转，反直立转是用前内刃进入旋转。

（一）动作描述

1　　2　　3

1 准备进转：先由左前内刃单足沿弧线滑进，换足右脚滑出深度前内刃弧线，浮腿延伸在后，左臂在前，右臂在后。最后通过3字转体进入旋转。	2 旋转：当前内刃滑进弧度最大限度时，滑足由前内转成后外，自然形成旋转。浮足收至滑腿前，交叉下压。同时双臂胸前收手，缩小转动半径，提高旋转速度。	3 滑出：当旋转结束时，左脚以后内刃滑出。

（二）教学步骤

1. 原地蹬冰进入反直立转

在最初练习时，可以让学员在原地体会反足转体的轴心和冰刀的位置。左足后内刃蹬冰，右足旋转。左足用后内刃围绕右足蹬冰，使右足在原地产生转动，类似于后内规尺步。

2. 前内刃进转练习

当基本掌握了旋转轴心后，可以练习从前内刃3字转体进入旋转的动作，在这个阶段的旋转过程不要求收腿、收手，主要是稳定轴心。主要体会前内刃的弧度和进转后的轴心控制。

3. 完整反直立旋转练习

当旋转轴心稳定后，学员可以尝试收手和收足练习。随着技术动作逐步熟练再加强旋转力度。参见（一）动作描述。

（三）动作重点

反直立转的动作重点大多与直立转相同，只是进转和旋转轴心有所不同，由于是相反足完成，因此在这里做进一步解释。

1. 进转重心 前内刃滑进：滑腿膝关节深屈，左手在前与滑足呈反向，帮助稳定前内刃。进转瞬间通过前脚掌着力，稍上刀齿制动，同时重心稳定到滑足上，并迅速由前内转为后外进入旋转。该过程要流畅迅速。	 注：自始至终重心保持在右脚上，保证轴心的稳定。

（续表）

2. 进转滑线 进转前用一个左前内刃带入，然后右前内刃进转的两个弧线尽量深，可以帮助获得更大的旋转速度。 右前内刃进转瞬间，由前内刃迅速变为后外刃开始旋转，滑行痕迹类似于3字转体，但转体后立即进入旋转，否则会丧失旋转力度。	 注：右前内刃变为右后外进转，要迅速形成旋转。
3. 旋转轴心 在整个旋转过程中，轴心始终在右足，前脚掌着力，旋转轨迹为右后外刃，左臂与浮足垂直平行。稳定后，手足交叉。	
4. 滑出 可采用两种滑出方式： 第一种，浮足从前交叉位置直接后内刃滑出。 第二种，常规后外滑出。	

（四）易犯错误

1. 旋转用刃错误，进转时没能完成前内转后外的进转，整个旋转用前内刃完成或严重上刀齿。

2. 进转后没有稳定的过程，直接收手、收足，导致削弱了整个旋转的力度。

3. 旋转过程中，肩宽没有保持平衡。

（五）动作要求

正确的单足直立转要符合以下标准：

1. 旋转至少达到6圈，有明显的旋转力度。
2. 整个进转过程完整流畅。
3. 能够良好地控制旋转轴心，旋转在同一个轴心上完成。
4. 自始至终滑腿和上体立直，收手和收足（插足）过程明显。

练习小贴士

1. 直立旋转是所有旋转的基础，因此教练员在练习时要让学员正确掌握各技术阶段的重点。让他们真正体会从收手—插足中获得的旋转速度，为下一步学习其他旋转打下良好基础。

2. 旋转轴心稳固后，教练员需要不断纠正和美化旋转姿势，如头、后背、腿等部位。

3. 收手过程，要先经过直臂（稍弯曲）双手胸前相握—屈肘—压肘。不要直接压轴收手，这容易丧失旋转力度。

4. 收腿转和插足转可根据学员自身能力，有选择地进行练习。能力强的学员可以直接进行插足转练习。

5. 正直立转以前外3字进转，反直立转以前内3字进入。这一概念不同于步法中的3字步，需要正确理解。进转的过程符合3字步的滑行轨迹，但转体后需要立即进入旋转，没有明显的滑出痕迹。在实际旋转过程中，冰刀要与冰面保持相对垂直稍有倾斜，但明显倾斜后内刃（正直立转）或明显倾斜后外刃（反直立转），会导致丧失旋转重心，降低旋转速度。

四、蹲转

蹲转是在单腿蹲踞的姿势下完成的旋转，该动作是由英国选手杰克森·汉斯首先完成的。随着技术的演变，选手们在实际应用时可以进行各种不同的上体和浮腿变化，但滑腿要始终保持蹲踞姿势。这里只对蹲踞的基本姿势进行详细描述。

（一）动作描述

1 2 3 4

注：进转与直立转相同，进转后浮腿由后画圈摆置滑腿前方，同时旋转腿下蹲，浮腿与双臂伸直在前，呈单腿蹲踞姿势旋转，结束后以后外刃滑出。

（二）教学步骤

1. 直线单腿蹲练习

在练习旋转前，先让学员正确了解旋转姿势，通过这一练习主要体会蹲踞姿势的重心，增加旋转腿的控制能力。

2. 半蹲旋转

对于能力较差的学员，可能在练习初期不能做到标准的蹲转姿势，教练员可以允许学员先采用半蹲的姿势进行旋转，主要让他们先找到旋转轴心，待动作稳定后，逐步要求下蹲。

3. 全蹲练习

见（一）动作描述。

（三）动作重点

1. 进转 蹲转的进转相对于直立转而言，滑腿需要下蹲更深，上体需要前倾更多，便于进转后直接进入蹲踞姿势。	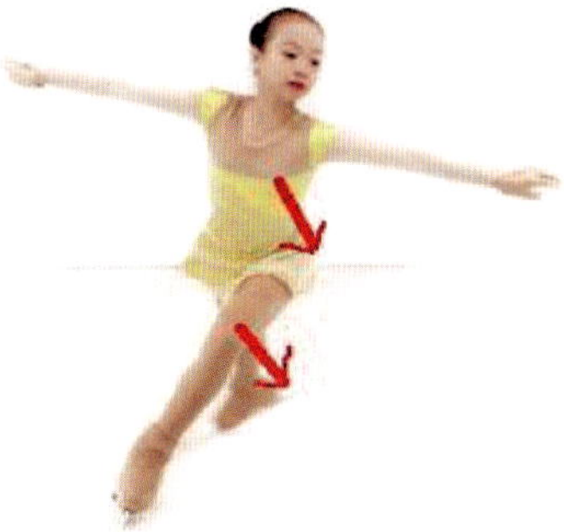
2. 进转摆腿 浮足由后摆向前时，需要绕旋转腿画圈摆到前面，而不是直接拿到前面。浮足在前时，脚尖外展，这有助于保持髋关节的平衡。	 
3. 蹲踞姿势 蹲转姿势的重点是达到标准的蹲踞角度。规则规定，下蹲时臀部要低于旋转腿的膝关节。滑腿的蹲踞角度不能大于90° 。否则将不被认定为蹲踞姿势。旋转时肩髋保持平行，后背收紧，双臂与浮腿向前伸直。	 注：滑腿的蹲踞角度不能大于90° 。浮腿伸直，脚尖外展，后背收紧。

（四）易犯错误

1. 蹲转姿势过高。

错误姿势　　　　正确姿势

2. 浮腿位置内扣，导致肩、髋不能平行，后背弯曲。

（五）动作要求

正确的蹲转应符合以下标准：

1. 旋转至少达到6圈，有明显的旋转力度。
2. 蹲转姿势标准（旋转腿蹲踞角度小于90°）。
3. 整个进转过程完整流畅。
4. 能够良好地控制旋转轴心，旋转在同一个轴心上完成。
5. 自始至终保持良好的旋转姿势。

练习小贴士

1. 蹲转对于初学者来说具有一定的难度。在练习时，教练员需要考虑学员是否已经掌握了良好的直立旋转技术，才可以开始蹲转练习，否则容易形成错误动作定型。

2. 蹲转姿势过高的问题，在蹲转中非常普遍。在比赛或测试中不被承认为蹲转姿势。教练员必须清楚标准动作的要求，在训练中应严格要求。

3. 当蹲转技术稳定后，教练员在关注于提高旋转圈数和速度的同时，不要忽略对旋转姿势的要求。随着旋转能力的提高，旋转姿势也应不断美化，详见（三）动作重点。

4. 任何旋转都包括正反脚两种方式，其进转方式与反直立旋转相同，进转后的姿势为蹲踞。当学员较好掌握正方向蹲转后，教练员也可以让学员尝试反蹲转的练习。

5. 在学员没有具备良好的蹲转技能前，建议不要练习某种难度较大的姿势变化来提高旋转的级别。这不但不会提高旋转等级，还会影响学员的旋转质量。

五、燕式旋转

燕式旋转是在燕式平衡的姿势下完成的旋转，该动作是由英国选手赛斯拉·考勒兹在1935年的一次比赛中首次完成的。经过多年的演变和发展，选手们将上体姿势和浮腿设计了各种难度变化，使燕式旋转的美感和难度不断提高。这里我们只对燕式旋转的基本姿势进行详细描述。

（一）动作描述

注：进转用刃与直立转相同，姿势稍有区别。进转后浮腿在旋转腿后侧抬起，同时上体前屈与冰面平行，呈燕式旋转姿势，结束后以后外刃滑出。

（二）教学步骤

1. 前外刃燕式姿势练习

在练习燕式旋转前，先让学员正确了解旋转姿势。首先完整模拟进转动作，从后内刃进入，接前外刃燕式姿势滑出，其弧线尽量深。通过这一练习主要体会燕式姿势的重心，增加旋转腿和浮腿的控制能力。

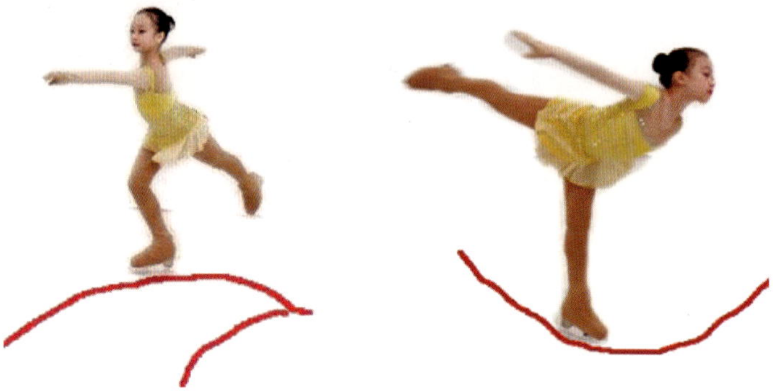

2. 起转练习

燕式旋转与其他旋转不同，要求学员在进转时上体压低与冰面平行，然后迅速向旋转方向带动身体，形成燕式姿势。在初期练习时需要教练员做一定的辅助。

1　2　3　4　5

> 注：起转时教练员用手扶住学员的左肩，沿旋转方向拨转，帮助体会起转的用力点，同时还可以压低学员的上体，便于形成燕式姿势。

3. 完整练习

见（一）动作描述。

（三）动作重点

1. 进转 燕式旋转进转时，需要注意控制浮腿。在整个进转过程中，浮腿和同侧的髋关节要留在滑腿后面，与上体稍呈扭转状态。便于进转后浮腿抬起。	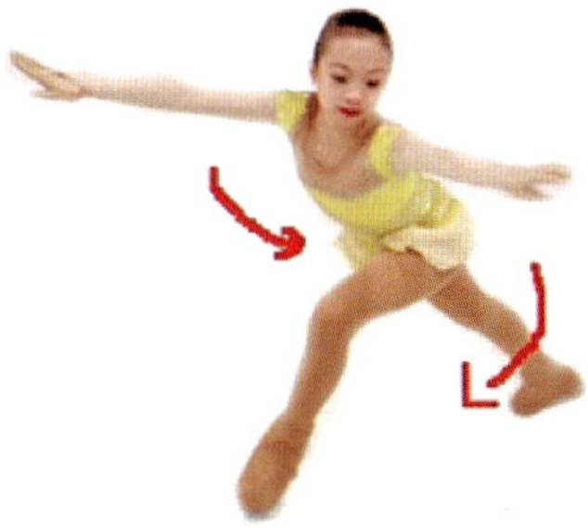
2. 旋转 进转瞬间，前脚掌着力制动起转，旋转腿由弯曲立即伸直。左肩稍向旋转方向带入，帮助获得旋转动力。同时身体前屈，与浮腿基本呈平行位置，便于进转后形成燕式姿势。浮腿由后直接抬起，不可以有任何摆动	 注：进转时，重点注意浮腿同侧的髋部保持外展，如果内扣会使重心偏离旋转脚。
3. 燕式姿势 标准的燕式旋转姿势，要求浮腿的膝关节要高于髋部。上体前屈与冰面平行，在完成过程中右肩与右髋稍外展。滑腿站直，浮腿与滑腿在同一条直线上，可以帮助重心固定在旋转脚。整个旋转用冰刀的前半部完成。	 注：浮腿的膝关节高于髋关节，浮腿伸直、脚尖外展。

（四）易犯错误

1. 燕式姿势不符合要求，上体过高，浮腿膝关节低于髋关节，重心没有在滑足上。

2. 滑腿弯曲，浮腿和髋部内扣。

3. 在初期练习时，学员也会因为进转时无法控制浮腿，导致进转产生抡腿，从而失去旋转轴心。建议教练员参考“（三）动作重点”及时纠正学员上体与浮腿的位置。

（五）动作要求

正确的燕式旋转应符合以下标准：
1. 旋转至少达到6圈，有明显的旋转力度。
2. 燕式旋转姿势标准（浮腿膝关节高于髋关节）。
3. 整个进转过程完整流畅。
4. 能够良好地控制旋转轴心，旋转在同一个轴心上完成。
5. 自始至终保持良好的旋转姿势。

练习小贴士

1. 燕式旋转是3种旋转中难度最大的旋转。在练习时教练员需要考虑学员是否已经掌握了良好的直立和蹲踞旋转技术，才可以开始燕式转练习，否则容易形成错误动作定型。

2. 燕式旋转浮腿过低的问题，是非常普遍的问题。这一错误在比赛或测试中不被承认为燕式姿势。教练员必须清楚标准动作的要求，在训练中严格要求。

3. 当燕式旋转技术稳定后，教练员在关注于提高旋转圈数和速度的同时，不要忽略对旋转姿势的要求，随着旋转能力的提高，旋转姿势也应不断美化。详见（三）动作重点。

4. 任何旋转都包括正反脚两种方式，其进转方式与反直立旋转相同，进转后的姿势为燕式。当学员较好掌握正方向燕式旋转后，教练员也可以让学员尝试反燕式旋转的练习。

5. 在学员没有具备良好的燕式旋转基本技能前，建议不要练习某种难度变化来提高旋转的级别。这不但不会提高旋转等级，还会影响学员的旋转质量。

第二节　旋转提高

以下部分所包括的旋转种类具有一定难度，需要学员具备较强的技术水平，是中高级选手需要完成的动作。因此，这里作为介绍内容，向大家提供一些相应知识。

一、换足旋转

换足旋转是指在连续不断的旋转中，从一只脚换到另一脚足的旋转。

当学员已经良好地掌握某种姿势的正脚技术后，就可以尝试换足旋转的练习，增加一定的技术难度。这里只针对换足旋转的分类和技术要求做相应介绍。

（一）换足旋转的种类

任何旋转姿势都可以由换足的形式完成，可以从正脚换成反脚，也可以从反脚换到正脚，其完成形式种类较多，以下做分类说明。

1. 由一种姿势完成的换足旋转

这种换足旋转是最简单的完成形式，要求换足前后采用相同的旋转姿势，其中包括以下姿势。

直立换足

蹲转换足

燕式换足

2. 换足与换姿势同时进行的旋转

这种换足旋转，在旋转过程中包括两个或两个以上的不同姿势，通常称为换足的联合旋转，该种类型旋转可以有多种组合形式。

正燕式旋转

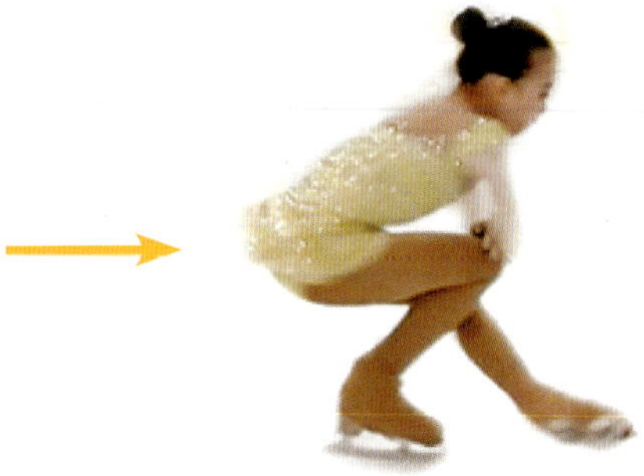

反蹲转

（二）换足的技术要求

1. 正脚—反脚

换足时，左脚后内刃沿旋转方向蹬冰，右脚迅速着冰进入旋转，换足过程不得超1周，旋转姿势根据需要自行选择。

2. 反脚—正脚

换足时，右脚前内刃沿旋转方向蹬冰，左脚迅速着冰进入旋转，换足过程不得超1周，旋转姿势根据需要自行选择。

3. 旋转中心

在换足过程中，应该始终保持在旋转中进行。两只脚的旋转中心，要求在同一个中心点完成。如果第一只脚有明显的滑出弧线，而且第二只脚有明显的滑进弧线，那么滑足后的旋转则不被承认。

4. 换足前后的姿势

根据比赛规则要求，由一种姿势完成的换足旋转，要求换足前后，每只脚必至少完成2圈标准的基本姿势，否则在比赛中将给与相应处罚（详见国际滑联规则）。

5. 旋转圈数

所有换足旋转要求换足前、后每只脚各完成至少3圈。但在比赛中，针对不同组别会有不同的圈数要求。

二、联合旋转

联合旋转是将不同旋转姿势相结合的一种旋转。这种组合不仅增加了旋转的难度，而且给人以美的感受。当学员较好的掌握了以上3种基本姿势后，教练员可以根据他们的能力和技术特点，将两种或两种以上旋转姿势进行组合。联合旋转分为换足和不换足两种，在实际应用中还可以采用跳接的形式进入。在这里只对联合旋转种类和技术要求做相应介绍。

（一）不换足的联合旋转

这是最为简单的联合旋转，所有的姿势变换在同一只脚上完成，对于初学者可以只选用两种姿势即可。以下为几种组合方式：

蹲转+直立=2种姿势的联合旋转

燕式+立直=2种姿势的联合旋转

燕式+蹲转+直立=3种姿势的联合旋转

（二）换足的联合旋转

换足联合旋转是指将多种旋转姿势与换足动作相结合的旋转。学员可以在换足的同时完成姿势的变换，也可以不变换姿势，但整体旋转要包括两种以上旋转姿势。以下为几种组合方式：

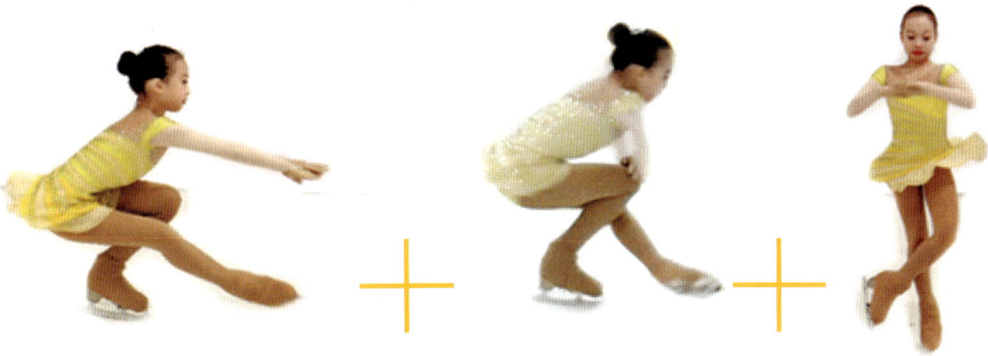

正蹲—换足—反蹲+反直立=2种姿势的换足联合旋转（适合于初级学员）

燕式+蹲转—换足—反蹲+反直立=3种姿势的换足联合旋转

（三）联合旋转的技术要求

1. 联合旋转必须至少包括两种或两种以上不同的基本姿势。

2. 联合旋转的基本姿势必须符合要求，而且每种姿势至少2圈。少于2圈的旋转，在比赛中则不予承认。

3. 换足的联合旋转，换足前、后每只脚至少要完成3圈。

三、跳接旋转

跳接旋转是将跳跃与旋转联合为一体的旋转动作。最为常见的有跳接蹲转和跳接燕式旋转。

（一）跳接正蹲旋转

跳接正蹲旋转是用同足起跳同足落冰的旋转，在用左前外刃起跳时，在空中形成蹲踞姿势，然后左脚首先落冰，落冰后腿迅速下蹲，形成蹲踞旋转。

1 2 3

（二）跳接燕式旋转

准备阶段与跳接蹲转相同，右腿经侧后方，向旋转方向摆动。同时左腿离开冰面，双足腾空。当右腿落下时，迅速过渡到右后外刃进入旋转。此时，左腿抬起形成反燕式旋转姿势。

1

2

3

（三）跳接旋转的技术要求

1. 要求呈现明显的空中姿势。
2. 跳接蹲转需要在空中呈现蹲踞姿势，否则在比赛或测试中将被扣分。
3. 跳进前不允许原地出现转体，这被视为是错误的起跳。
4. 跳进落冰后，要求选手尽快进入标准的基本姿势。

第三节　旋转技术的相关知识

旋转技术种类繁多形式多样，作为花样滑冰教练员，除了训练学员如何完成旋转动作，同时还需要了解一些在规则中对旋转技术做出的相关规定，确保正确地指导学员参加比赛或测验。在此筛选一些重点注意的知识点加以介绍。涉及的具体规定，还需要参阅国际滑联最新规则。

一、旋转技术的难度级别

在比赛中将根据旋转的难度分为基础级、一级、二级、三级、四级共5个难度级别，规则中对于级别的评定标准有详细规定，请教练员根据需要详细阅读《国际滑联技术专家手册》。

二、旋转的姿势

（一）什么是基本姿势

旋转共包括直立、蹲踞和燕式3种基本姿势。每个基本姿势都有严格的标准，在一种姿势的旋转中，如果基本姿势没有达到2圈，该旋转则为“0”分。

3种标准基本姿势如下：

直立旋转姿势

蹲踞旋转姿势

燕式旋转姿势

旋转腿要求始终保持伸直，上体可以进行变化。	蹲踞角度小于90°，上体和浮腿可以有变化。	浮腿膝关节高于髋关节，上体和浮腿可以有变换。

注：关于旋转中的各种难度姿势变化，请参阅国际滑联颁布的《技术专家手册》。

（二）什么是中间姿势

中间姿势是指所有不符合基本姿势标准的旋转姿势，该姿势只可以在联合旋转中被承认，同时还可以有一些难度变化。如下所示：

类似于蹲转姿势的中间姿势。	幻影转也被视为中间姿势的难度变化。

三、旋转的圈数

1. 在比赛中，任何旋转最少要达到3圈才可以被裁判员视为旋转动作。

2. 换足旋转需要每只脚至少3圈。

3. 联合旋转需要包括至少2个基本姿势，每个姿势必须达到2圈。

4. 规则针对不同组别，对各类旋转圈数有明确的规定，少于规定圈数将被扣分。建议教练员认真查阅规则，在训练中严格要求学员。

四、旋转动作的英文缩写

中文	英文	英文缩写
旋转	Spin	Sp
直立旋转	Upright Spin	Usp
蹲踞旋转	Sit Spin	Ssp
燕式旋转	Camel Spin	Csp
弓身旋转	Layback Spin	Lsp
换足旋转	Change foot spin	C
换足直立旋转	Change up right spin	CUsp
换足蹲踞转	Change sit spin	Cssp
换足燕式旋转	Change camel spin	CCsp
跳接旋转	Fly spin	F
跳接直立旋转	Fly up right spin	FUsp
跳接蹲踞旋转	Fly sit spin	Fssp
跳接燕式旋转	Fly camel spin	Fcsp
联合旋转	Combination spin	Cosp
换足联合旋转	Chang foot combination Spin	CCOsp

参考文献

著作类

[1] 陈伟光. 国家花样滑冰等级测试大纲 [M]. 北京：人民体育出版社，2018.

[2] 姜海兰. 花样滑冰冰陆结合训练 [M]. 北京：人民体育出版社，2014.

[3] 王树本. 花样滑冰 [M]. 北京：人民体育出版社，2014.

[4] 国际滑联花样滑冰技术手册. 2019. www.isu.org

论文类

[1] 陈伟光. 青少年花样滑冰运动员基础训练的探讨 [J]. 黑龙江科技信息，2015（13）：78.

[2] 付彩姝，王旋，姜海兰. 花样滑冰青少年运动员体能训练的方法和手段 [J]. 冰雪运动，2006（2）：68–69.

[3] 孙岩，付彩姝. 关于花样滑冰基础训练的点滴体会 [J]. 冰雪运动，2006（3）：59–60.

[4] 黄丽昆. 少年花样滑冰运动员训练动机的激发 [J]. 冰雪运动，2012（1）：40–41.